中国经济安全展望报告

（2018—2019）

世界格局变动中的中国经济安全形势分析

刘伟　苏剑／主编

中国经济出版社
CHINA ECONOMIC PUBLISHING HOUSE
·北京·

图书在版编目（CIP）数据

中国经济安全展望报告:2018—2019:世界格局变动中的中国经济安全形势分析/刘伟,苏剑主编.
—北京：中国经济出版社，2019.3
ISBN 978-7-5136-5601-6

Ⅰ.①中… Ⅱ.①刘…②苏… Ⅲ.①中国经济—经济安全—研究 Ⅳ.①F125.7

中国版本图书馆 CIP 数据核字（2019）第 047906 号

责任编辑 严 莉
责任印制 巢新强
封面设计 任燕飞

出版发行 中国经济出版社
印 刷 者 北京力信诚印刷有限公司
经 销 者 各地新华书店
开 本 710mm×1000mm 1/16
印 张 13.5
字 数 169 千字
版 次 2019 年 3 月第 1 版
印 次 2019 年 3 月第 1 次
定 价 78.00 元
广告经营许可证 京西工商广字第 8179 号

中国经济出版社 **网址** www.economyph.com **社址** 北京市西城区百万庄北街 3 号 **邮编** 100037

本版图书如存在印装质量问题，请与本社发行中心联系调换（联系电话：010-68330607）

编委会

序　言

2019 年中国经济延续下行趋势，经济增速预计回落至 6.3%。未来短期，中国经济面临国内外多重压力。国外方面，全球经济出现边际减弱的趋势，并且，世界主要经济体经济复苏分化态势明显。同时，中美贸易摩擦持续发酵、全球货币紧缩以及地缘政治不稳定等问题使中国面临严峻的外部压力。国内方面，一方面，去杠杆、房地产调控、环保限产、投资、消费和出口下滑导致中国经济供需均有下行压力；另一方面，汇率风险、房地产市场风险、地方债务风险、国企债务风险、民营经济收缩风险等各类风险因素的存在给中国经济带来不稳定因素。多重压力下，中国经济如何走？应采取什么经济政策？本报告将对此进行分析。本报告分为上下两篇，上篇为 2019 年中国经济安全展望，下篇为专题报告。

第一章分别从实体经济和货币金融两个方面回顾了 2018 年中国经济形势。实体经济方面，经济增长维持在合理区间，但下行压力不减。2018 年，按可比价格计算，GDP 同比增长 6.6%，较 2017 年下降 0.2 个百分点，实现了 6.5% 左右的预期发展目标。价格方面，2018 年，居民消费价格增速温和上涨，工业品价格增速下滑，CPI 和 PPI 剪刀差收窄。货币金融方面，信贷同比扩张，结构仍待改善；表外融资收缩，社融同比增速下降；M2 同比增速 8.1%，与 2017 年持平。汇率方面，市场预期转变，人民币汇率单向贬值转入双向震荡。

第二章分别从国际经济形势、地缘政治风险、中美贸易摩擦、中国内部经济预期的不确定性加大、人口的增长五个方面对影响中国经济的因素进行总结。世界经济面临下行压力，包括东亚、欧盟、中东地区在内的地缘政治局势不确定增加，中美贸易摩擦持续，中国内部经济下行压力持续，且人口已经进入负增长阶段，经济前景不确定因素大。

第三章从消费、投资、净出口和政府支出四个方面预判2019年中国总需求的自然走势。预计2019年三大需求增速均有可能回落。宏观经济下行、人口拐点到来、房地产市场调控、环境保护等导致汽车、房地产相关产品、衣食等消费增速下滑或将压低整体消费增速。社保征缴方式调整的预期、去杠杆、环境保护等因素将导致投资增速继续下滑。世界经济增长势头减弱、中美贸易摩擦不确定性和贸易抢跑效应减弱，将可能导致出口增速下滑。同时，受积极财政政策以及2019年新中国成立70周年大庆等重要纪念活动影响，政府支付或将有一定增长。

第四章分析2019年中国总供给的自然走势。2019年，受环境保护力度增强、劳动力成本增加、美国对中国的高科技中间品出口禁令、社保征缴从严预期等影响，总供给增速或将呈现一定程度的收缩。2019年总供给的拉高因素可能是技术进步。

第五章分析了中国经济存在的风险点。第一，中美贸易摩擦是对中国汇率及货币造成危机的最重要因素之一。第二，中国房地产市场主要存在房价持续下跌风险和基建投资稳增长作用较小时，政策转向房地产市场从而导致房地产泡沫进一步加剧的风险。第三，防范化解重大风险仍是2019年三大攻坚战之首，而当前地方政府债务风险已成为金融体系稳定性的一大隐患。第四，诸多现实因素也导致就业不断承压，失业率存在较大幅度上升的风险。第五，市场需求的下降、企业经营成本的不断上升和边际投资回报率的逐步下降导致国有企业债务偿还能力下降，债务偿还压力和债务风险水平进一步加大。第六，互联网金融的发展对传统货币政策和金融市场发展带来诸多挑战。

第六章在前三章的基础上，对2019年宏观经济自然走势和政策目标进行了研判。自然走势下（即没有政策干预下），2019年的中国经济将出现供给和需求“双收缩”的局面。结合供给与需求走势，我们判断，自然走势下的 2019 年 GDP 增速可能为 5.0% ~5.5%，经济下行压力较大。我们认为，受中美贸易摩擦、环保限产、劳动力供给下降、社保征缴方式调整的预期等影响，供给收缩幅度大于需求收缩幅度，预计 2019 年自然走势下的中国经济将出现“滞涨”局面，经济增速下滑，但 CPI 增速较 2018 年有所上升，约为 2.2%。对于此自然走势，我们认为，2019 年中国政府的首要目标是防风险，一切以“稳”为主。

第七章我们对 2019 年宏观经济政策进行了展望。由于中国 2019 年面临的是“需求、供给双萎缩”的经济形势，我们认为，中国 2019 年应该采取扩张性政策组合，以扩张性市场环境管理为主，供给扩张次之，需求管理为辅。首先，加速改革，营造良好的营商环境，这是稳预期的重要举措。预期稳不住，不管是需求还是供给，不管是实体经济还是金融市场，不管是对内还是对外，都无法稳住。主要举措是切实贯彻执行“四个全面”，尤其是全面深化改革、全面推行依法治国，确保包括民营企业家在内的所有人的财产和人身安全。其次，供给扩张。切实减税降费，进一步大规模简政放权，降低企业的经营成本和交易成本。最后，需求扩张，主要目标是为了稳增长；但在具体措施方面，应该是“财政扩张，货币稳健”这样的政策组合，财政扩张的目标是稳增长，货币稳健的目的是防风险。

第八章为 2019 年宏观经济具体预测值。综合 2019 年宏观经济的自然走势和政府政策的影响，我们预计 2019 年 GDP 同比增长 6.3% 左右，CPI 同比增长 2.6% 左右，PPI 同比增长 1.3% 左右。供给端，我们预计 2019 年工业增加值同比增长 6.2%。需求端，预计 2019 年消费累计同比增长 6.0%；2019 年固定资产投资累计同比增长 4.5%；预计 2019 年出口同比增长 5.0%。货币金融方面，随着金融监管的逐步推进，表外资金回表需求继续增加，预计 2019 年信贷将继续扩张。随着积极的财政政策更加积极，地方政府债发行规模逐渐扩大，财政支出也将增加，

2019 年财政存款可能低于 2018 年同期水平，提高 M2 同比增速。预计 2019 年末，M2 同比增速达到 8.5%。

第九章探讨社保征缴方式调整对宏观经济的影响。从企业角度来看，一些以往社保少缴漏缴的企业或将面临社保支出的大幅度上升，造成企业业绩在中短期内遭受巨大波动，抬高企业的经营成本，造成企业长期经营困难，尤其是劳动密集型企业。从企业员工的角度来看，社保征缴方式调整后上缴的社保基金增加了，从长远看，社保缴费基数提高，社保待遇自然也会水涨船高，增加社保权益，但若从当前来看，企业员工到手工资反而是减少了，影响员工的当期消费。从上述企业和员工的角度分析看，社保征缴方式调整显然会对当前的宏观经济产生较大的负面影响。

第十章主要内容是 2018 年国际油价的回顾和 2019 年国际油价的预测。第一，受供需再平衡速度超预期、地缘局势先紧后松超预期和特朗普对油价影响程度超预期影响，2018 年国际油价先涨后跌，宽幅震荡。第二，在供应侧三方博弈格局常态化和经济趋缓拖累石油需求增长的影响下，预计 2019 年石油市场供应小幅过剩 20 万桶/日，略呈宽松状态，但过剩额度比 2018 年有所收窄。

第十一章研究了个税改革对宏观经济的影响。在居民收入方面，一方面，通过收入列举法计算新应纳税额、每月少交税额以及减税比例表明，个税改革对不同收入阶层居民影响存在明显的差异。另一方面，在其他所得上，对综合所得较低的收入群体来说，其劳务报酬、稿酬、特许权使用费适用的税率将显著降低，而对综合所得较高的收入群体来说，其他所得适用的税率将显著提升。在宏观经济方面，本次个税改革所释放的税收减免必然会引起消费的扩张，进而带动国内 GDP 的增长。若以 2017 年的 GDP（82.71 万亿元）为基数，则本次个税改革可以拉动中国 GDP 0.87 个百分点。

第十二章分析了人口负增长及其对经济的影响。一方面，受单独二孩政策和全面二孩政策遇冷影响，根据矫正后的人口结构和滞后中国台湾17年的死亡模式估算可知，2018年的生育率为1.05，那么出生941万人，死亡971万，负增长30万人，2018年的出生人数是清朝中期以来最少的。另一方面，本章根据人口年龄结构判断了全国和各省2019年的经济增长。

第十三章主要研究内容是自2018年特朗普上台之后，包括最开始的联邦预算，后来的中美经贸“百日计划”，再到后来大规模减税及放松规制、推出美国能源主导权战略、加剧中美贸易摩擦等一系列政策的变动。同时将日本经济发展历程纳入分析框架，从特朗普一系列贸易政策的根源出发，从美国与主要国家贸易博弈的角度，分析中美关系的走势，随后又对新的形势变化做补充分析。

第十四章在回顾2018年股市运行状况的基础上，对2019年股市运行进行了展望。2018年度的股市运行的基本特点是股价持续下跌，估值创历史新低。导致股市低迷的主要原因有三点：一是上市公司债务违约及财务欺诈事件增加，二是股市投资者及上市公司股东的杠杆资金爆仓案例批量出现，三是资管新规导致进入股市的新增资金减少。展望2019年，股市仍将处在艰难寻底的过程中，估值体系正在重构，风险逐渐释放，投资者需要耐心等待投资机会。

第十五章主要内容是房地产市场2018年回顾和2019年展望。2018年在经济下滑、调控继续从严的背景下，房地产市场投资整体接近两位数的增速出乎市场意料，房地产企业的购地积极性二、三季度也出现快速的回升。但是受调控的影响，房地产销售面积增速低速增长，调控地区的房价涨势也在趋缓，房企资金面紧张。2019年在经济下行压力较大的背景下，货币政策的宽松已经确定，但是房地产市场从严调控的基调不会变，房地产市场的3.0特征会更加明显，房地产企业的高杠杆风险犹存，集中度会进一步提升。房地产投资增速会放缓，全年在8%左右，房地产销售有望前低后高，房价难以大幅攀升。建议中央在房地产市场调控上以“稳”和“紧”为主，注意货币政策的溢出效应；地方应加强调控的精准性，逐步摆脱对房地产的依赖；房企应加快去杠杆和产业转型升级；房地产需求者应理性购房，对房价有理性认识，提高风险意识。

第十六章探讨了扩大消费的潜力、难点和应对政策。首先，受国内外经济下行压力持续和中美贸易摩擦影响，投资和出口增长乏力，扩大消费成为“稳增长”的必然选择。其次，在经济增长与扩大消费互相促进的作用下，中国经济具有巨大的消费潜力。再次，当前中国在扩大消费上存在一些难点，如供求结构失衡、社保征缴方式调整不利于扩大消费、环境因素制约经济增长等。最后，扩大消费是中国经济的一个长期任务。因此，从长期看，中国应该在经济增长和扩大消费之间形成一个良性循环。首先，中国应该设法提高居民可支配收入在 GDP 中的比例；其次，需要提高分配的平均程度，从而从分配的角度提高全国的边际消费倾向；最后，要健全社会保障体系，消除老百姓的后顾之忧及生活中可能存在的不确定性，从而提高边际消费倾向。

第十七章以吉林省为例，分析了地方政府债务问题。经济与财政的关系决定了在追求国民经济可持续发展的同时必须实现财政的可持续发展。然而，最近几年地方财政面临着许多困难和不利因素，尤其是地方政府债务问题，这对地方经济的可持续发展构成强大压力。本章以吉林省为例加以说明，分析了吉林省的地方政府债务问题及吉林省财政的可持续性。我们发现，吉林省面临着严峻的地方政府债务问题，财政可持续性面临极大挑战。

第十八章对 2018 年中国企业运行状况进行了回顾，随后对 2019 年中国企业走势进行了研判。总的来看，在经济增长企稳与结构转型的背景下，2018 年企业经营主要呈现三大特征与问题：一是企业利润继续增长，增幅下降，利润率提高，成本继续降低；二是企业成本问题依然十分突出；三是化解过剩产能取得重要进展，但产能过剩问题依旧未被根除。展望2019年中国企业发展，深化供给侧改革、优化调整结构、持续转型升级仍然是中国企业首要的战略选择。

第十九章对2019年国际经济形势进行了展望。美国经济在2019年上半年仍将延续扩张态势，但下半年恐出现拐点，步入下行趋势。欧盟方面，影响欧盟经济的不稳定因素尚存，未来经济将维持弱势。日本方面，预计2019年日本将延续弱势复苏。英国方面，若英国顺利软脱欧，经济温和复苏有望，脱欧带来的实质性冲击相对有限；若英国硬脱欧，则未来将面临较大潜在风险，经济增速可能倒退。新兴市场和发展中经济体，由于受到石油价格波动、美联储加息以及地缘政治风险等因素的影响，预计2019年经济增速小幅回升。此外，当前全球经济面临贸易恐慌前景不明、地缘政治风险犹存、全球货币维持紧缩趋势等风险。

第二十章回顾了2018年美国经济运行状况，并展望了2019年美国经济走势。一方面，美国劳动力市场持续向好，2017年减税政策效果显现，支撑美国2018年经济复苏势头较高。另一方面，中美贸易谈判短期内对美国CPI影响尚不显著，货币因素成为影响2019年美国经济的重要因素。

本报告是关于中国宏观经济运行和宏观经济安全问的年度系列报告的第三本。本系列报告的第一本是《中国经济金融形势展望报告(2016)：寻求突破的中国经济》，该报告由中国人民大学出版社出版，并已经出版了英文、韩文、俄文和蒙古文四种版本，另有9种文字的版本正在翻译出版过程中。本系列报告的第二本是《中国经济展望报告(2017)：供给侧改革与经济波动》，由社会科学文献出版社出版。从本报告起，本系列报告定名为《中国经济安全展望报告》，集中关注中国宏观经济安全问题。经济安全已经成为国家安全的重要组成部分，美国总统特朗普甚至认为经济安全就是国家安全。随着全球化的推进，经济安全将变得越来越重要，值得特别关注。

本报告的主编为刘伟（中国人民大学校长、教授、博士生导师）、苏剑（北京大学国民经济研究中心主任，教授，博士生导师）。上篇作者：国民经济研究中心课题组所有成员（蔡含篇、陈丽娜、陈阳、纪尧、孔帅、邵宇佳、许琴芳）。下篇作者：第九章作者为苏剑、邵宇佳、陈丽娜；第十章作者为柯晓明和林卫斌；第十一章作者为苏剑、邵宇佳、陈丽娜；第十二章作者为易富贤和苏剑；第十三章作者为崔成；第十四章作者为尹中立；第十五章作者为邹士年；第十六章作者为苏剑和蔡含篇；第十七章作者为苏剑、孔帅、邵宇佳、陈阳、纪尧、陈丽娜；第十八章作者为胡迟；第十九章作者为苏剑、孔帅、邵宇佳、陈阳；第二十章作者为戚自科。

目　录

上篇　2019 年中国经济安全展望

下篇　专题报告

图表目录

上篇

2019年中国经济安全展望

本篇对中国2019年宏观经济运行、风险及政府可能采取的宏观经济政策进行展望。第一章从实体经济和货币金融两个方面简要回顾和分析2018年全年的经济形势。第二章对当前中国面临的国内外形势进行探讨，尤其是识别可能对中国经济产生较大影响的因素。第三章和第四章分别分析中国经济总需求的自然走势和总供给的自然走势。所谓自然走势，指的是在政府现有或既定政策维持不变的情况下的经济走势。第五章总结了当前中国宏观经济可能的风险点。第六章在第三、第四、第五章的基础上，分析中国经济的自然走势，然后预判2019年政府的宏观调控目标，自然走势与政策目标之间的缺口就是政府政策发挥作用的空间。第七章针对自然走势和政策目标之间的缺口预判相应的宏观经济政策组合。第八章是2019年中国宏观经济展望。

第一章　2018 年中国经济形势回顾

一、实体经济

2018 年，经济增长维持在合理区间，但下行压力不减。按可比价格计算，2018 年 GDP 同比增长 6.6%，较上年下降 0.2 个百分点，实现了 6.5% 左右的预期发展目标。其中，第一产业增加值同比增长 3.5%，较上年回落 0.5 个百分点；第二产业增加值同比增长 5.8%，较上年回落 0.1 个百分点；第三产业增加值同比增长 7.6%，较上年回落 0.3 个百分点。分季看，四个季度 GDP 增速分别为 6.8%、6.7%、6.5% 和 6.4%，四个季度的 GDP 增速呈持续回落态势，其中四季度 GDP 创 2009 年一季度以来最低季度增速，表明经济下行压力持续。

三次产业结构持续调整，第三产业对经济增长的贡献率不断提高。2018 年，三次产业增加值占 GDP 的比重分别为 7.2%、40.7% 和 52.2%，与上年相比，第一产业比重下降 0.4 个百分点，第二产业和第三产业比重分别提高 0.2 和 0.3 个百分点。从对经济增长的贡献率来看，2018 年三次产业的贡献率分别为 4.0%、35.8% 和 60.1%，三次产业分别拉动经济增长 0.3、2.4 和 4.0 个百分点。第一、第二产业的贡献率较上年分别减少 0.9 和 0.5 个百分点，第三产业对经济增长的贡献率比第二产业高 24.3 个百分点，比上年提高 0.3 个百分点。

（一）供给端

利润收缩，制造业支撑作用降低，导致工业增加值同比增速回落。

2018 年，全年规模以上工业增加值同比增长 6.2%，较上年回落 0.1 个百分点。2018 年 1—12 月，中国制造业 PMI 值呈现波动下滑的态势，12 月份已下降到 49.4%，处于荣枯线以下，表明工业生产活动扩张的内生动能趋弱。第一，利润收缩影响企业生产活动再投资的预期。2018 年 1—11 月规模以上工业企业利润总额同比增长 11.8%，比上年同期减少 10.1 个百分点。第二，按照工业部门三大门类，处于主导地位的制造业增加值同比增速回落，制约了整体工业生产活动。2018 年，工业增加值同比增长 6.2%，较上年下降 0.4 个百分点。其中，制造业增加值同比增长 6.5%，较上年减少 0.1 个百分点，拉动工业增加值约 5.2 个百分点。电力、燃气及水的生产和供应业同比增长 9.9%，较上年减少 0.1 个百分点，拉动工业增加值约 0.7 个百分点。采矿业同比增长 2.3%，较上年增加 0.2 个百分点，拉动工业增加值约 0.3 个百分点。

产业结构调整，新兴产业增长较快。高技术制造业、战略性新兴产业和装备制造业增加值分别比上年增长 11.7%、8.9% 和 8.1%，增速分别比规模以上工业快 5.5、2.7 和 1.9 个百分点。新兴工业产品产量快速增长，铁路客车、微波终端机、新能源汽车、生物基化学纤维、智能电视、锂离子电池和集成电路分别增长 183.0%、104.5%、40.1%、23.5%、18.7%、12.9% 和 9.7%。

（二）需求端

（1）投资方面，投资同比增速下滑，结构发生变化。2018 年全国固定资产投资同比增长 5.9%，较 2017 年下滑 1.3 个百分点，其中，一、二、三产业分别上涨 1.1、3.0、-4.0 个百分点。从固定资产投资的真实增速来看，受价格成本下降影响，真实投资同比增速降幅收窄。2018 年真实投资同比增长 0.5%，增速较 2017 年回落 0.9 个百分点，2017 年真实投资同比增长 1.3%，增速较 2016 年回落 7.4 个百分点，可以看出真实投资增速的下滑幅度显著收窄。同时，2018 年 PPI 同比增速显著下滑，工业品尤其是原材料价格走势平稳，并未出现大幅的波动。

拉升因素方面，第一，民间投资同比增速回升，成为支撑固定资产投资的主要因素。2018 年民间投资同比增长 8.7%，增速较 2017 年增加 2.8 个百分点。第二，房地产投资同比增速上涨，也在一定程度上支撑固定资产投资增长。2018 年，房地产投资同比增长 9.5%，增速较 2017 年回升 2.5 个百分点。第三，制造业投资同比增速上涨，其中高技术产业投资增长显著。2018 年制造业固定资产投资同比增长 9.5%，较 2017 年上涨 4.7 个百分点。其中，高技术制造业、装备制造业投资增速分别为 16.1%、11.1%，分别比制造业投资增速加快 6.6、1.6 个百分点，投资结构变化继续。

压低因素方面，基建投资同比增速显著下滑，成为压低全年固定资产投资同比增速的主要原因。2018 年基础设施建设投资（不含电力）同比增长 3.8%，增速较 2017 年下滑 15.2 个百分点。

（2）出口方面，按美元计算，2018 年，出口同比增长 9.9%，增速较上年全年的 7.9% 高出 2 个百分点。主要原因在于，第一，世界经济增长弱化，但主要发达经济体制造业 PMI 值仍处于荣枯线以上，支撑外需平稳增长。2019 年 1 月，IMF 将 2019 年全球预期经济增长率从 3.7% 下调到 3.5%，表明世界经济增长趋于弱化。2018 年全年，全球摩根大通综合 PMI 在 52.7% ~54.8%，而 2017 年全年处于53.4% ~54.3%，表明全球经济仍处于复苏中。第二，中美贸易摩擦持续发酵，抢出口效应导致出口同比增速回升。第三，低基数效应。2017 年全年出口累计同比增长 7.9%，较低的基数支撑 2018 年出口同比增速稳定增长。

出口目的地方面，中国对发达国家出口保持稳定增长。2018 年，中国对美国的出口金额为 4784 亿美元，同比增长 11.3%，增速较 2017 年回落 0.2 个百分点，占中国总出口额的 19.2%，比重较上年增加 0.2 个百分点。尽管中美贸易摩擦持续发酵，但 2018 年中国对美国出口未出现大幅下滑，主要原因是抢出口效应和人民币贬值带来的出口增加，以及2018年美国经济复苏势头强劲导致中国出口的外部需求较稳定。

2018年，中国对欧盟和日本的出口金额分别同比增长9.8%和7.2%，较2017年分别回升0.1和1.1个百分点。

在对新兴经济体出口方面，中国出口则出现分化态势。中国对韩国的出口金额同比增长5.9%，较上年回落3.7个百分点。中国对金砖国家的出口同比增长13%，较上年回落0.6个百分点。中国内地对中国香港的出口同比增长8.2%，较上年回升11个百分点。中国对东盟出口同比增长14.2%，较上年回升5.2个百分点。在"一带一路"建设方面，2018年中国与"一带一路"沿线国家货物贸易进出口总额达到1.3万亿美元，同比增长16.3%，高于同期中国外贸增速3.7个百分点，占外贸总值的27.4%。其中，中国对沿线国家出口7047.3亿美元，同比增长10.9%。

进口方面，按美元计算，2018年，进口同比增长15.8%，增速较上年小幅回落0.3个百分点。主要原因：第一，扩大进口政策支撑进口。2018年7月，商务部、外交部、发展改革委等20部门联合发布《关于扩大进口促进对外贸易平衡发展的意见》（以下简称《意见》），提出在稳定出口国际市场份额的基础上，充分发挥进口对提升消费、调整结构、发展经济、扩大开放的重要作用，推动进口与出口平衡发展。《意见》从优化进口结构促进生产消费升级、优化国际市场布局、积极发挥多渠道促进作用、改善贸易自由化便利化条件等四个方面提出扩大进口促进对外贸易平衡发展的16条政策举措。第二，中美贸易摩擦持续发酵导致企业存在抢进口行为。中美两国贸易摩擦持续发酵，经历了谈判协商——谈判破裂——再次谈判协商的循环，由于双方互征关税存在阶段性，因此，一些进口企业为规避关税带来的负面影响，采取提前进口行为。

从进口来源国家和地区看，2018年，中国自发达国家进口和新兴经济体的进口增长出现分化态势。一方面，中国从发达国家的进口增速均回落。2018 年，中国从美国、欧盟、日本的进口同比增长 0.7%、11.7%、8.9%，分别较上年回落 13.8、6、4.8 个百分点。另一方面，中国从新兴经济体的进口出现分化。中国内地从香港地区及韩国、金砖国家的进口分别同比增长 16%、15.3% 和 30%，较上年分别回升 72.2、3.8 和 5 个百分点。中国从东盟的进口同比增长 13.8%，较上年回落 6.3 个百分点。在“一带一路”建设上，中国自沿线国家进口 5630.7 亿美元，同比增长 23.9%。

贸易顺差方面，按美元计算，2018 年，贸易顺差累计值为 3518 亿美元，较 2017 年减少 678 亿美元。贸易顺差收缩主要原因在于：世界经济增长趋弱导致出口同比增速下降，同时，中美贸易摩擦以及中国主动扩大进口的政策使得进口同比增速保持较高水平。

（3）消费方面，消费同比增速下滑，结构发生变化。一方面，2018 年社会消费品零售总额同比增长 9.0%，增速较 2017 年下滑 1.2 个百分点，2016 年、2017 年社会消费品零售总额同比增速分别较前一年下滑 0.3、0.2 个百分点，消费降幅显著扩大。从真实消费来看，真实消费需求下滑迹象更加明显。2018 年剔除价格因素影响的真实社会消费品零售总额同比增长 6.9%，增速较 2017 年下滑 2.1 个百分点，较 2017 年、2016 年时的增速降幅显著扩大。

另一方面，消费结构出现变化。与 2016 年、2017 年不同，2018 年消费结构中，吃、穿等生活用品与非限额以上消费品消费额增速上涨，其他消费额增速均出现不同程度的下滑。例如，2018 年网上商品零售额中吃和穿的消费额分别同比增长 33.8% 和 22.0%，分别较 2017 年上涨 5.2 和 1.7 个百分点，而网上商品零售额中用的消费增速则下滑了 4.9 个百分点，这与 2017 年用的消费额增速显著上涨的走势相反。

另外，2018 年，受汽车消费下滑影响，限额以上企业消费品零售总额同比增速下滑，而非限额以上企业消费品零售总额同比增速是上涨的。

(三)价格

2018 年,居民消费价格增速上涨,工业品价格增速下滑,CPI 和 PPI 剪刀差收窄。2018 年 CPI 和 PPI 分别同比增长 2.1% 和 3.5%,分别较 2017 年上涨 0.5、-2.8 个百分点。

居民消费价格部分,2018 年 CPI 同比增速先涨后跌。前三季度 CPI 同比增速呈现出波动上涨的态势,进入四季度转而下跌,10 月份 CPI 同比增速为 2.5%,到 12 月份跌至 1.9%,下滑 0.6 个百分点,主要原因是受到国际原油供给冲击的影响。2018 年 10 月国际原油价格开始下滑,布伦特原油期货结算价显示,10 月 3 日原油价格为 86.29 美元/桶,到了 10 月 31 日则降到 75.47 美元/桶,下降了 12.5%。截至 2018 年 12 月 31 日,布伦特原油期货结算价为 53.8 美元/桶,是高点价(86.29 美元/桶)的 3/5。能源价格大幅下滑对 CPI 增速走势的影响很大,经过我们大致测算,仅 11 月和 12 月两个月的交通用工具燃料价格下滑的直接影响,就导致全年 CPI 同比增速下滑近 0.1 个百分点。若叠加能源通过运输成本对 CPI 的间接影响,四季度 CPI 同比增速的下滑压低全年 CPI 增速 0.2~0.3 个百分点。这样来看,若没有能源价格波动的冲击,2018 年 CPI 同比增速很有可能是 2.4% 左右。

从具体分类来看,2018 年,消费品价格和服务品价格分别同比增长 1.9% 和 2.5%,增速分别较上年回升 1.2 和 -0.5 个百分点。消费品部分,食品与非食品价格同比增速均有提高,非食品价格同比增速下半年涨幅明显。据我们测算,从 2018 年 6 月份开始,非食品消费品价格增速才逐渐高于 2017 年同期。2018 年下半年非食品消费品价格同比增速回升与 2018 年经济下行走势相悖,上半年工业品价格上涨的传导效应,是导致下半年居民消费品价格上涨的主要原因。

工业品价格部分,PPI 同比增长 3.5%,增速较 2017 年下滑 2.8 个百分点。主要原因在于,第一,高基数效应。2017 年,PPI 同比增长 6.3%。第二,错峰生产。2016 年,受去产能影响煤炭价格短期内大幅上涨；2017 年受环保趋严影响，钢铁等高污染工业品价格大幅上涨。与前两年不同，2018 年错峰生产导致整体工业品在去产能任务完成的情况下，工业品价格并没有出现大幅的波动。第三，2018 年秋冬季，环保力度弱于 2017 年同期，供给相对增加，抑制了工业品价格的上涨，尤其是钢铁价格。第四，总需求收缩抑制价格上涨。2018 年四季度，经济下行压力加大，消费、投资、外贸需求均收缩，总需求的收缩抑制工业品价格的继续上涨。

二、货币金融

（一）信贷同比扩张，结构仍待改善

2018 年全年人民币贷款增加 16.17 万亿元，同比多增 2.64 万亿元。从结构上看，2018 年信贷的同比扩张主要来源于票据融资，2018 年全年票据融资增加 1.89 万亿元，比 2017 年多增 3.47 万亿元。新增企业短期贷款 4982 亿元，企业中长期贷款 5.6 万亿元，分别比 2017 年少增 11318 亿元和 7800 亿元，反映了 2018 年实体经济融资需求的疲弱。新增居民短期贷款 2.41 万亿元，比上年同期多增 5800 亿元，新增居民中长期贷款 4.95 亿元，比上年同期少增 3500 亿元，新增居民中长期贷款占全年新增人民币贷款的比重由 2017 年的 39% 降至 2018 年的 31%，反映了居民购房需求的减弱。

2018 年，央行通过定向降准配合 MLF 等工具释放流动性，银行间流动性较为充裕，但是从近几个月的信贷数据来看，新增信贷中票据融资占比较高。用票据融资冲量，反映了银行风险偏好较低，中小企业融资仍较困难，宽信用依然面临较大挑战。

（二）表外融资收缩，社融同比增速下降

2018 年全年，社会融资规模增量累计为 19.26 万亿元，比 2017 年少 3.1 万亿元，从社会融资规模的各分项来看，主要呈现出以下特征：

(1) 信贷支撑社会融资规模。2018 年全年,对实体经济发放的人民币贷款增加 15.67 万亿元,占全年社会融资规模增量的 81%。

(2) 表外融资持续萎缩,压低社融同比增速。2018 年新增非标融资 -2.9 万亿元,比 2017 年全年少增 6.5 万亿元。其中新增委托贷款 -1.61 万亿元,同比多减 2.39 万亿元;新增信托贷款 -6901 亿元,同比多减 2.95 万亿元;新增未贴现的银行承兑汇票 -6343 亿元,同比多减 1.17 万亿元。

(3) 信用债违约频发。2018 年 4 月以来,债务违约事件频发,企业债券融资成本上升,为降低不良贷款率,银行放贷较为谨慎,中小企业融资较为困难。2018 年 6 月 1 日,央行公布适当扩大 MLF 担保品范围,新纳入的包括不低于 AA 级的小微企业、绿色和“三农”金融债券,AA+、AA 级公司信用类债券,优质的小微企业贷款和绿色贷款,一定程度上缓解了市场对信用债风险的担忧。10 月,央行引导设立民营企业债券融资支持工具,通过出售信用风险缓释工具、担保增信等多种方式促进民营企业债券融资。2018 年下半年以来,企业债券融资有所回升,2018 年全年新增企业债券融资 2.48 万亿元,比上年同期高 2.03 万亿元。

9 月起人民银行将“地方政府专项债券”纳入社会融资规模统计中。新口径下社会融资规模存量同比增速持续下降,2018 年 12 月,社会融资规模存量同比增速为 9.8%,较上月下降 0.1 个百分点。如果去除地方政府专项债,原口径下,12 月社会融资规模存量同比增速仅为 9.1%。2019 年地方政府专项债加快发行,或将支撑年初的社融存量同比增速,然而整体来看,随着金融监管的进一步落实,表外融资将持续萎缩,加之实体经济融资需求不足和银行风险偏好下降,2019 年社会融资增速仍将处于低位。

(三) M2 同比增速 8.1%,与上年持平

2018 年 12 月末广义货币供给量 M2 为 182.67 万亿元,同比增长

中国经济安全展望报告

（2018—2019）

世界格局变动中的中国经济安全形势分析

刘伟　苏剑/主编

中国经济出版社
CHINA ECONOMIC PUBLISHING HOUSE
·北京·

图书在版编目（CIP）数据

中国经济安全展望报告:2018—2019:世界格局变动中的中国经济安全形势分析/刘伟,苏剑主编.
—北京：中国经济出版社，2019.3
ISBN 978-7-5136-5601-6

Ⅰ.①中… Ⅱ.①刘…②苏… Ⅲ.①中国经济—经济安全—研究 Ⅳ.①F125.7

中国版本图书馆 CIP 数据核字（2019）第 047906 号

责任编辑　严　莉
责任印制　巢新强
封面设计　任燕飞

出版发行　中国经济出版社
印 刷 者　北京力信诚印刷有限公司
经 销 者　各地新华书店
开　　本　710mm×1000mm　1/16
印　　张　13.5
字　　数　169 千字
版　　次　2019 年 3 月第 1 版
印　　次　2019 年 3 月第 1 次
定　　价　78.00 元
广告经营许可证　京西工商广字第 8179 号

中国经济出版社　**网址** www.economyph.com　**社址** 北京市西城区百万庄北街 3 号　**邮编** 100037
本版图书如存在印装质量问题，请与本社发行中心联系调换（联系电话：010-68330607）

编委会

序 言

2019年中国经济延续下行趋势，经济增速预计回落至6.3%。未来短期，中国经济面临国内外多重压力。国外方面，全球经济出现边际减弱的趋势，并且，世界主要经济体经济复苏分化态势明显。同时，中美贸易摩擦持续发酵、全球货币紧缩以及地缘政治不稳定等问题使中国面临严峻的外部压力。国内方面，一方面，去杠杆、房地产调控、环保限产、投资、消费和出口下滑导致中国经济供需均有下行压力；另一方面，汇率风险、房地产市场风险、地方债务风险、国企债务风险、民营经济收缩风险等各类风险因素的存在给中国经济带来不稳定因素。多重压力下，中国经济如何走？应采取什么经济政策？本报告将对此进行分析。本报告分为上下两篇，上篇为2019年中国经济安全展望，下篇为专题报告。

第一章分别从实体经济和货币金融两个方面回顾了2018年中国经济形势。实体经济方面，经济增长维持在合理区间，但下行压力不减。2018年，按可比价格计算，GDP同比增长6.6%，较2017年下降0.2个百分点，实现了6.5%左右的预期发展目标。价格方面，2018年，居民消费价格增速温和上涨，工业品价格增速下滑，CPI和PPI剪刀差收窄。货币金融方面，信贷同比扩张，结构仍待改善；表外融资收缩，社融同比增速下降；M2同比增速8.1%，与2017年持平。汇率方面，市场预期转变，人民币汇率单向贬值转入双向震荡。

第二章分别从国际经济形势、地缘政治风险、中美贸易摩擦、中国内部经济预期的不确定性加大、人口的增长五个方面对影响中国经济的因素进行总结。世界经济面临下行压力，包括东亚、欧盟、中东地区在内的地缘政治局势不确定增加，中美贸易摩擦持续，中国内部经济下行压力持续，且人口已经进入负增长阶段，经济前景不确定因素大。

第三章从消费、投资、净出口和政府支出四个方面预判2019年中国总需求的自然走势。预计2019年三大需求增速均有可能回落。宏观经济下行、人口拐点到来、房地产市场调控、环境保护等导致汽车、房地产相关产品、衣食等消费增速下滑或将压低整体消费增速。社保征缴方式调整的预期、去杠杆、环境保护等因素将导致投资增速继续下滑。世界经济增长势头减弱、中美贸易摩擦不确定性和贸易抢跑效应减弱，将可能导致出口增速下滑。同时，受积极财政政策以及2019年新中国成立70周年大庆等重要纪念活动影响，政府支付或将有一定增长。

第四章分析2019年中国总供给的自然走势。2019年，受环境保护力度增强、劳动力成本增加、美国对中国的高科技中间品出口禁令、社保征缴从严预期等影响，总供给增速或将呈现一定程度的收缩。2019年总供给的拉高因素可能是技术进步。

第五章分析了中国经济存在的风险点。第一，中美贸易摩擦是对中国汇率及货币造成危机的最重要因素之一。第二，中国房地产市场主要存在房价持续下跌风险和基建投资稳增长作用较小时，政策转向房地产市场从而导致房地产泡沫进一步加剧的风险。第三，防范化解重大风险仍是2019年三大攻坚战之首，而当前地方政府债务风险已成为金融体系稳定性的一大隐患。第四，诸多现实因素也导致就业不断承压，失业率存在较大幅度上升的风险。第五，市场需求的下降、企业经营成本的不断上升和边际投资回报率的逐步下降导致国有企业债务偿还能力下降，债务偿还压力和债务风险水平进一步加大。第六，互联网金融的发展对传统货币政策和金融市场发展带来诸多挑战。

第六章在前三章的基础上，对2019年宏观经济自然走势和政策目标进行了研判。自然走势下（即没有政策干预下），2019年的中国经济将出现供给和需求“双收缩”的局面。结合供给与需求走势，我们判断，自然走势下的2019年GDP增速可能为5.0%~5.5%，经济下行压力较大。我们认为，受中美贸易摩擦、环保限产、劳动力供给下降、社保征缴方式调整的预期等影响，供给收缩幅度大于需求收缩幅度，预计2019年自然走势下的中国经济将出现“滞涨”局面，经济增速下滑，但CPI增速较2018年有所上升，约为2.2%。对于此自然走势，我们认为，2019年中国政府的首要目标是防风险，一切以“稳”为主。

第七章我们对2019年宏观经济政策进行了展望。由于中国2019年面临的是“需求、供给双萎缩”的经济形势，我们认为，中国2019年应该采取扩张性政策组合，以扩张性市场环境管理为主，供给扩张次之，需求管理为辅。首先，加速改革，营造良好的营商环境，这是稳预期的重要举措。预期稳不住，不管是需求还是供给，不管是实体经济还是金融市场，不管是对内还是对外，都无法稳住。主要举措是切实贯彻执行“四个全面”，尤其是全面深化改革、全面推行依法治国，确保包括民营企业家在内的所有人的财产和人身安全。其次，供给扩张。切实减税降费，进一步大规模简政放权，降低企业的经营成本和交易成本。最后，需求扩张，主要目标是为了稳增长；但在具体措施方面，应该是“财政扩张，货币稳健”这样的政策组合，财政扩张的目标是稳增长，货币稳健的目的是防风险。

第八章为2019年宏观经济具体预测值。综合2019年宏观经济的自然走势和政府政策的影响，我们预计2019年GDP同比增长6.3%左右，CPI同比增长2.6%左右，PPI同比增长1.3%左右。供给端，我们预计2019年工业增加值同比增长6.2%。需求端，预计2019年消费累计同比增长6.0%；2019年固定资产投资累计同比增长4.5%；预计2019年出口同比增长5.0%。货币金融方面，随着金融监管的逐步推进，表外资金回表需求继续增加，预计2019年信贷将继续扩张。随着积极的财政政策更加积极，地方政府债发行规模逐渐扩大，财政支出也将增加，

2019 年财政存款可能低于 2018 年同期水平，提高 M2 同比增速。预计 2019 年末，M2 同比增速达到 8.5%。

第九章探讨社保征缴方式调整对宏观经济的影响。从企业角度来看，一些以往社保少缴漏缴的企业或将面临社保支出的大幅度上升，造成企业业绩在中短期内遭受巨大波动，抬高企业的经营成本，造成企业长期经营困难，尤其是劳动密集型企业。从企业员工的角度来看，社保征缴方式调整后上缴的社保基金增加了，从长远看，社保缴费基数提高，社保待遇自然也会水涨船高，增加社保权益，但若从当前来看，企业员工到手工资反而是减少了，影响员工的当期消费。从上述企业和员工的角度分析看，社保征缴方式调整显然会对当前的宏观经济产生较大的负面影响。

第十章主要内容是 2018 年国际油价的回顾和 2019 年国际油价的预测。第一，受供需再平衡速度超预期、地缘局势先紧后松超预期和特朗普对油价影响程度超预期影响，2018 年国际油价先涨后跌，宽幅震荡。第二，在供应侧三方博弈格局常态化和经济趋缓拖累石油需求增长的影响下，预计 2019 年石油市场供应小幅过剩 20 万桶/日，略呈宽松状态，但过剩额度比 2018 年有所收窄。

第十一章研究了个税改革对宏观经济的影响。在居民收入方面，一方面，通过收入列举法计算新应纳税额、每月少交税额以及减税比例表明，个税改革对不同收入阶层居民影响存在明显的差异。另一方面，在其他所得上，对综合所得较低的收入群体来说，其劳务报酬、稿酬、特许权使用费适用的税率将显著降低，而对综合所得较高的收入群体来说，其他所得适用的税率将显著提升。在宏观经济方面，本次个税改革所释放的税收减免必然会引起消费的扩张，进而带动国内 GDP 的增长。若以 2017 年的 GDP（82.71 万亿元）为基数，则本次个税改革可以拉动中国 GDP 0.87 个百分点。

第十二章分析了人口负增长及其对经济的影响。一方面，受单独二孩政策和全面二孩政策遇冷影响，根据矫正后的人口结构和滞后中国台湾17年的死亡模式估算可知，2018年的生育率为1.05，那么出生941万人，死亡971万，负增长30万人，2018年的出生人数是清朝中期以来最少的。另一方面，本章根据人口年龄结构判断了全国和各省2019年的经济增长。

第十三章主要研究内容是自2018年特朗普上台之后，包括最开始的联邦预算，后来的中美经贸“百日计划”，再到后来大规模减税及放松规制、推出美国能源主导权战略、加剧中美贸易摩擦等一系列政策的变动。同时将日本经济发展历程纳入分析框架，从特朗普一系列贸易政策的根源出发，从美国与主要国家贸易博弈的角度，分析中美关系的走势，随后又对新的形势变化做补充分析。

第十四章在回顾2018年股市运行状况的基础上，对2019年股市运行进行了展望。2018年度的股市运行的基本特点是股价持续下跌，估值创历史新低。导致股市低迷的主要原因有三点：一是上市公司债务违约及财务欺诈事件增加，二是股市投资者及上市公司股东的杠杆资金爆仓案例批量出现，三是资管新规导致进入股市的新增资金减少。展望2019年，股市仍将处在艰难寻底的过程中，估值体系正在重构，风险逐渐释放，投资者需要耐心等待投资机会。

第十五章主要内容是房地产市场2018年回顾和2019年展望。2018年在经济下滑、调控继续从严的背景下，房地产市场投资整体接近两位数的增速出乎市场意料，房地产企业的购地积极性二、三季度也出现快速的回升。但是受调控的影响，房地产销售面积增速低速增长，调控地区的房价涨势也在趋缓，房企资金面紧张。2019年在经济下行压力较大的背景下，货币政策的宽松已经确定，但是房地产市场从严调控的基调不会变，房地产市场的3.0特征会更加明显，房地产企业的高杠杆风险犹存，集中度会进一步提升。房地产投资增速会放缓，全年在8%左右，房地产销售有望前低后高，房价难以大幅攀升。建议中央在房地产市场调控上以“稳”和“紧”为主，注意货币政策的溢出效应；地方应加强调控的精准性，逐步摆脱对房地产的依赖；房企应加快去杠杆和产业转型升级；房地产需求者应理性购房，对房价有理性认识，提高风险意识。

第十六章探讨了扩大消费的潜力、难点和应对政策。首先，受国内外经济下行压力持续和中美贸易摩擦影响，投资和出口增长乏力，扩大消费成为“稳增长”的必然选择。其次，在经济增长与扩大消费互相促进的作用下，中国经济具有巨大的消费潜力。再次，当前中国在扩大消费上存在一些难点，如供求结构失衡、社保征缴方式调整不利于扩大消费、环境因素制约经济增长等。最后，扩大消费是中国经济的一个长期任务。因此，从长期看，中国应该在经济增长和扩大消费之间形成一个良性循环。首先，中国应该设法提高居民可支配收入在GDP中的比例；其次，需要提高分配的平均程度，从而从分配的角度提高全国的边际消费倾向；最后，要健全社会保障体系，消除老百姓的后顾之忧及生活中可能存在的不确定性，从而提高边际消费倾向。

第十七章以吉林省为例，分析了地方政府债务问题。经济与财政的关系决定了在追求国民经济可持续发展的同时必须实现财政的可持续发展。然而，最近几年地方财政面临着许多困难和不利因素，尤其是地方政府债务问题，这对地方经济的可持续发展构成强大压力。本章以吉林省为例加以说明，分析了吉林省的地方政府债务问题及吉林省财政的可持续性。我们发现，吉林省面临着严峻的地方政府债务问题，财政可持续性面临极大挑战。

第十八章对2018年中国企业运行状况进行了回顾，随后对2019年中国企业走势进行了研判。总的来看，在经济增长企稳与结构转型的背景下，2018年企业经营主要呈现三大特征与问题：一是企业利润继续增长，增幅下降，利润率提高，成本继续降低；二是企业成本问题依然十分突出；三是化解过剩产能取得重要进展，但产能过剩问题依旧未被根除。展望2019年中国企业发展，深化供给侧改革、优化调整结构、持续转型升级仍然是中国企业首要的战略选择。

第十九章对2019年国际经济形势进行了展望。美国经济在2019年上半年仍将延续扩张态势，但下半年恐出现拐点，步入下行趋势。欧盟方面，影响欧盟经济的不稳定因素尚存，未来经济将维持弱势。日本方面，预计2019年日本将延续弱势复苏。英国方面，若英国顺利软脱欧，经济温和复苏有望，脱欧带来的实质性冲击相对有限；若英国硬脱欧，则未来将面临较大潜在风险，经济增速可能倒退。新兴市场和发展中经济体，由于受到石油价格波动、美联储加息以及地缘政治风险等因素的影响，预计2019年经济增速小幅回升。此外，当前全球经济面临贸易恐慌前景不明、地缘政治风险犹存、全球货币维持紧缩趋势等风险。

第二十章回顾了2018年美国经济运行状况，并展望了2019年美国经济走势。一方面，美国劳动力市场持续向好，2017年减税政策效果显现，支撑美国2018年经济复苏势头较高。另一方面，中美贸易谈判短期内对美国CPI影响尚不显著，货币因素成为影响2019年美国经济的重要因素。

本报告是关于中国宏观经济运行和宏观经济安全问的年度系列报告的第三本。本系列报告的第一本是《中国经济金融形势展望报告（2016）：寻求突破的中国经济》，该报告由中国人民大学出版社出版，并已经出版了英文、韩文、俄文和蒙古文四种版本，另有9种文字的版本正在翻译出版过程中。本系列报告的第二本是《中国经济展望报告（2017）：供给侧改革与经济波动》，由社会科学文献出版社出版。从本报告起，本系列报告定名为《中国经济安全展望报告》，集中关注中国宏观经济安全问题。经济安全已经成为国家安全的重要组成部分，美国总统特朗普甚至认为经济安全就是国家安全。随着全球化的推进，经济安全将变得越来越重要，值得特别关注。

本报告的主编为刘伟（中国人民大学校长、教授、博士生导师）、苏剑（北京大学国民经济研究中心主任，教授，博士生导师）。上篇作者：国民经济研究中心课题组所有成员（蔡含篇、陈丽娜、陈阳、纪尧、孔帅、邵宇佳、许琴芳）。下篇作者：第九章作者为苏剑、邵宇佳、陈丽娜；第十章作者为柯晓明和林卫斌；第十一章作者为苏剑、邵宇佳、陈丽娜；第十二章作者为易富贤和苏剑；第十三章作者为崔成；第十四章作者为尹中立；第十五章作者为邹士年；第十六章作者为苏剑和蔡含篇；第十七章作者为苏剑、孔帅、邵宇佳、陈阳、纪尧、陈丽娜；第十八章作者为胡迟；第十九章作者为苏剑、孔帅、邵宇佳、陈阳；第二十章作者为戚自科。

目　录

上篇　2019 年中国经济安全展望

下篇 专题报告

图表目录

上篇

2019年中国经济安全展望

本篇对中国 2019 年宏观经济运行、风险及政府可能采取的宏观经济政策进行展望。第一章从实体经济和货币金融两个方面简要回顾和分析 2018 年全年的经济形势。第二章对当前中国面临的国内外形势进行探讨，尤其是识别可能对中国经济产生较大影响的因素。第三章和第四章分别分析中国经济总需求的自然走势和总供给的自然走势。所谓自然走势，指的是在政府现有或既定政策维持不变的情况下的经济走势。第五章总结了当前中国宏观经济可能的风险点。第六章在第三、第四、第五章的基础上，分析中国经济的自然走势，然后预判 2019 年政府的宏观调控目标，自然走势与政策目标之间的缺口就是政府政策发挥作用的空间。第七章针对自然走势和政策目标之间的缺口预判相应的宏观经济政策组合。第八章是 2019 年中国宏观经济展望。

第一章　2018年中国经济形势回顾

一、实体经济

2018年，经济增长维持在合理区间，但下行压力不减。按可比价格计算，2018年GDP同比增长6.6%，较上年下降0.2个百分点，实现了6.5%左右的预期发展目标。其中，第一产业增加值同比增长3.5%，较上年回落0.5个百分点；第二产业增加值同比增长5.8%，较上年回落0.1个百分点；第三产业增加值同比增长7.6%，较上年回落0.3个百分点。分季看，四个季度GDP增速分别为6.8%、6.7%、6.5%和6.4%，四个季度的GDP增速呈持续回落态势，其中四季度GDP创2009年一季度以来最低季度增速，表明经济下行压力持续。

三次产业结构持续调整，第三产业对经济增长的贡献率不断提高。2018年，三次产业增加值占GDP的比重分别为7.2%、40.7%和52.2%，与上年相比，第一产业比重下降0.4个百分点，第二产业和第三产业比重分别提高0.2和0.3个百分点。从对经济增长的贡献率来看，2018年三次产业的贡献率分别为4.0%、35.8%和60.1%，三次产业分别拉动经济增长0.3、2.4和4.0个百分点。第一、第二产业的贡献率较上年分别减少0.9和0.5个百分点，第三产业对经济增长的贡献率比第二产业高24.3个百分点，比上年提高0.3个百分点。

（一）供给端

利润收缩，制造业支撑作用降低，导致工业增加值同比增速回落。

2018 年，全年规模以上工业增加值同比增长 6.2%，较上年回落 0.1 个百分点。2018 年 1—12 月，中国制造业 PMI 值呈现波动下滑的态势，12 月份已下降到 49.4%，处于荣枯线以下，表明工业生产活动扩张的内生动能趋弱。第一，利润收缩影响企业生产活动再投资的预期。2018 年 1—11 月规模以上工业企业利润总额同比增长 11.8%，比上年同期减少 10.1 个百分点。第二，按照工业部门三大门类，处于主导地位的制造业增加值同比增速回落，制约了整体工业生产活动。2018 年，工业增加值同比增长 6.2%，较上年下降 0.4 个百分点。其中，制造业增加值同比增长 6.5%，较上年减少 0.1 个百分点，拉动工业增加值约 5.2 个百分点。电力、燃气及水的生产和供应业同比增长 9.9%，较上年减少 0.1 个百分点，拉动工业增加值约 0.7 个百分点。采矿业同比增长 2.3%，较上年增加 0.2 个百分点，拉动工业增加值约 0.3 个百分点。

产业结构调整，新兴产业增长较快。高技术制造业、战略性新兴产业和装备制造业增加值分别比上年增长 11.7%、8.9% 和 8.1%，增速分别比规模以上工业快 5.5、2.7 和 1.9 个百分点。新兴工业产品产量快速增长，铁路客车、微波终端机、新能源汽车、生物基化学纤维、智能电视、锂离子电池和集成电路分别增长 183.0%、104.5%、40.1%、23.5%、18.7%、12.9% 和 9.7%。

（二）需求端

（1）投资方面，投资同比增速下滑，结构发生变化。2018 年全国固定资产投资同比增长 5.9%，较 2017 年下滑 1.3 个百分点，其中，一、二、三产业分别上涨 1.1、3.0、-4.0 个百分点。从固定资产投资的真实增速来看，受价格成本下降影响，真实投资同比增速降幅收窄。2018 年真实投资同比增长 0.5%，增速较 2017 年回落 0.9 个百分点，2017 年真实投资同比增长 1.3%，增速较 2016 年回落 7.4 个百分点，可以看出真实投资增速的下滑幅度显著收窄。同时，2018 年 PPI 同比增速显著下滑，工业品尤其是原材料价格走势平稳，并未出现大幅的波动。

拉升因素方面，第一，民间投资同比增速回升，成为支撑固定资产投资的主要因素。2018 年民间投资同比增长 8.7%，增速较 2017 年增加 2.8 个百分点。第二，房地产投资同比增速上涨，也在一定程度上支撑固定资产投资增长。2018 年，房地产投资同比增长 9.5%，增速较 2017 年回升 2.5 个百分点。第三，制造业投资同比增速上涨，其中高技术产业投资增长显著。2018 年制造业固定资产投资同比增长 9.5%，较 2017 年上涨 4.7 个百分点。其中，高技术制造业、装备制造业投资增速分别为 16.1%、11.1%，分别比制造业投资增速加快 6.6、1.6 个百分点，投资结构变化继续。

压低因素方面，基建投资同比增速显著下滑，成为压低全年固定资产投资同比增速的主要原因。2018 年基础设施建设投资（不含电力）同比增长 3.8%，增速较 2017 年下滑 15.2 个百分点。

（2）出口方面，按美元计算，2018 年，出口同比增长 9.9%，增速较上年全年的 7.9% 高出 2 个百分点。主要原因在于，第一，世界经济增长弱化，但主要发达经济体制造业 PMI 值仍处于荣枯线以上，支撑外需平稳增长。2019 年 1 月，IMF 将 2019 年全球预期经济增长率从 3.7% 下调到 3.5%，表明世界经济增长趋于弱化。2018 年全年，全球摩根大通综合 PMI 在 52.7% ~54.8%，而 2017 年全年处于53.4% ~54.3%，表明全球经济仍处于复苏中。第二，中美贸易摩擦持续发酵，抢出口效应导致出口同比增速回升。第三，低基数效应。2017 年全年出口累计同比增长 7.9%，较低的基数支撑 2018 年出口同比增速稳定增长。

出口目的地方面，中国对发达国家出口保持稳定增长。2018 年，中国对美国的出口金额为 4784 亿美元，同比增长 11.3%，增速较 2017 年回落 0.2 个百分点，占中国总出口额的 19.2%，比重较上年增加 0.2 个百分点。尽管中美贸易摩擦持续发酵，但 2018 年中国对美国出口未出现大幅下滑，主要原因是抢出口效应和人民币贬值带来的出口增加，以及2018年美国经济复苏势头强劲导致中国出口的外部需求较稳定。

2018年，中国对欧盟和日本的出口金额分别同比增长9.8%和7.2%，较2017年分别回升0.1和1.1个百分点。

在对新兴经济体出口方面，中国出口则出现分化态势。中国对韩国的出口金额同比增长5.9%，较上年回落3.7个百分点。中国对金砖国家的出口同比增长13%，较上年回落0.6个百分点。中国内地对中国香港的出口同比增长8.2%，较上年回升11个百分点。中国对东盟出口同比增长14.2%，较上年回升5.2个百分点。在"一带一路"建设方面，2018年中国与"一带一路"沿线国家货物贸易进出口总额达到1.3万亿美元，同比增长16.3%，高于同期中国外贸增速3.7个百分点，占外贸总值的27.4%。其中，中国对沿线国家出口7047.3亿美元，同比增长10.9%。

进口方面，按美元计算，2018年，进口同比增长15.8%，增速较上年小幅回落0.3个百分点。主要原因：第一，扩大进口政策支撑进口。2018年7月，商务部、外交部、发展改革委等20部门联合发布《关于扩大进口促进对外贸易平衡发展的意见》（以下简称《意见》），提出在稳定出口国际市场份额的基础上，充分发挥进口对提升消费、调整结构、发展经济、扩大开放的重要作用，推动进口与出口平衡发展。《意见》从优化进口结构促进生产消费升级、优化国际市场布局、积极发挥多渠道促进作用、改善贸易自由化便利化条件等四个方面提出扩大进口促进对外贸易平衡发展的16条政策举措。第二，中美贸易摩擦持续发酵导致企业存在抢进口行为。中美两国贸易摩擦持续发酵，经历了谈判协商——谈判破裂——再次谈判协商的循环，由于双方互征关税存在阶段性，因此，一些进口企业为规避关税带来的负面影响，采取提前进口行为。

从进口来源国家和地区看，2018年，中国自发达国家进口和新兴经济体的进口增长出现分化态势。一方面，中国从发达国家的进口增速均回落。2018 年，中国从美国、欧盟、日本的进口同比增长 0.7%、11.7%、8.9%，分别较上年回落 13.8、6、4.8 个百分点。另一方面，中国从新兴经济体的进口出现分化。中国内地从香港地区及韩国、金砖国家的进口分别同比增长 16%、15.3% 和 30%，较上年分别回升 72.2、3.8 和 5 个百分点。中国从东盟的进口同比增长 13.8%，较上年回落 6.3 个百分点。在“一带一路”建设上，中国自沿线国家进口 5630.7 亿美元，同比增长 23.9%。

贸易顺差方面，按美元计算，2018 年，贸易顺差累计值为 3518 亿美元，较 2017 年减少 678 亿美元。贸易顺差收缩主要原因在于：世界经济增长趋弱导致出口同比增速下降，同时，中美贸易摩擦以及中国主动扩大进口的政策使得进口同比增速保持较高水平。

（3）消费方面，消费同比增速下滑，结构发生变化。一方面，2018 年社会消费品零售总额同比增长 9.0%，增速较 2017 年下滑 1.2 个百分点，2016 年、2017 年社会消费品零售总额同比增速分别较前一年下滑 0.3、0.2 个百分点，消费降幅显著扩大。从真实消费来看，真实消费需求下滑迹象更加明显。2018 年剔除价格因素影响的真实社会消费品零售总额同比增长 6.9%，增速较 2017 年下滑 2.1 个百分点，较 2017 年、2016 年时的增速降幅显著扩大。

另一方面，消费结构出现变化。与 2016 年、2017 年不同，2018 年消费结构中，吃、穿等生活用品与非限额以上消费品消费额增速上涨，其他消费额增速均出现不同程度的下滑。例如，2018 年网上商品零售额中吃和穿的消费额分别同比增长 33.8% 和 22.0%，分别较 2017 年上涨 5.2 和 1.7 个百分点，而网上商品零售额中用的消费增速则下滑了 4.9 个百分点，这与 2017 年用的消费额增速显著上涨的走势相反。

另外，2018 年，受汽车消费下滑影响，限额以上企业消费品零售总额同比增速下滑，而非限额以上企业消费品零售总额同比增速是上涨的。

(三) 价格

2018 年，居民消费价格增速上涨，工业品价格增速下滑，CPI 和 PPI 剪刀差收窄。2018 年 CPI 和 PPI 分别同比增长 2.1% 和 3.5%，分别较 2017 年上涨 0.5、-2.8 个百分点。

居民消费价格部分，2018 年 CPI 同比增速先涨后跌。前三季度 CPI 同比增速呈现出波动上涨的态势，进入四季度转而下跌，10 月份 CPI 同比增速为 2.5%，到 12 月份跌至 1.9%，下滑 0.6 个百分点，主要原因是受到国际原油供给冲击的影响。2018 年 10 月国际原油价格开始下滑，布伦特原油期货结算价显示，10 月 3 日原油价格为 86.29 美元/桶，到了 10 月 31 日则降到 75.47 美元/桶，下降了 12.5%。截至 2018 年 12 月 31 日，布伦特原油期货结算价为 53.8 美元/桶，是高点价（86.29 美元/桶）的 3/5。能源价格大幅下滑对 CPI 增速走势的影响很大，经过我们大致测算，仅 11 月和 12 月两个月的交通用工具燃料价格下滑的直接影响，就导致全年 CPI 同比增速下滑近 0.1 个百分点。若叠加能源通过运输成本对 CPI 的间接影响，四季度 CPI 同比增速的下滑压低全年 CPI 增速 0.2～0.3 个百分点。这样来看，若没有能源价格波动的冲击，2018 年 CPI 同比增速很有可能是 2.4% 左右。

从具体分类来看，2018 年，消费品价格和服务品价格分别同比增长 1.9% 和 2.5%，增速分别较上年回升 1.2 和 -0.5 个百分点。消费品部分，食品与非食品价格同比增速均有提高，非食品价格同比增速下半年涨幅明显。据我们测算，从 2018 年 6 月份开始，非食品消费品价格增速才逐渐高于 2017 年同期。2018 年下半年非食品消费品价格同比增速回升与 2018 年经济下行走势相悖，上半年工业品价格上涨的传导效应，是导致下半年居民消费品价格上涨的主要原因。

工业品价格部分，PPI 同比增长 3.5%，增速较 2017 年下滑 2.8 个百分点。主要原因在于，第一，高基数效应。2017 年，PPI 同比增长 6.3%。第二，错峰生产。2016 年，受去产能影响煤炭价格短期内大幅上涨；2017 年受环保趋严影响，钢铁等高污染工业品价格大幅上涨。与前两年不同，2018 年错峰生产导致整体工业品在去产能任务完成的情况下，工业品价格并没有出现大幅的波动。第三，2018 年秋冬季，环保力度弱于 2017 年同期，供给相对增加，抑制了工业品价格的上涨，尤其是钢铁价格。第四，总需求收缩抑制价格上涨。2018 年四季度，经济下行压力加大，消费、投资、外贸需求均收缩，总需求的收缩抑制工业品价格的继续上涨。

二、货币金融

（一）信贷同比扩张，结构仍待改善

2018 年全年人民币贷款增加 16.17 万亿元，同比多增 2.64 万亿元。从结构上看，2018 年信贷的同比扩张主要来源于票据融资，2018 年全年票据融资增加 1.89 万亿元，比 2017 年多增 3.47 万亿元。新增企业短期贷款 4982 亿元，企业中长期贷款 5.6 万亿元，分别比 2017 年少增 11318 亿元和 7800 亿元，反映了 2018 年实体经济融资需求的疲弱。新增居民短期贷款 2.41 万亿元，比上年同期多增 5800 亿元，新增居民中长期贷款 4.95 亿元，比上年同期少增 3500 亿元，新增居民中长期贷款占全年新增人民币贷款的比重由 2017 年的 39% 降至 2018 年的 31%，反映了居民购房需求的减弱。

2018 年，央行通过定向降准配合 MLF 等工具释放流动性，银行间流动性较为充裕，但是从近几个月的信贷数据来看，新增信贷中票据融资占比较高。用票据融资冲量，反映了银行风险偏好较低，中小企业融资仍较困难，宽信用依然面临较大挑战。

（二）表外融资收缩，社融同比增速下降

2018 年全年，社会融资规模增量累计为 19.26 万亿元，比 2017 年少 3.1 万亿元，从社会融资规模的各分项来看，主要呈现出以下特征：

（1）信贷支撑社会融资规模。2018 年全年，对实体经济发放的人民币贷款增加 15.67 万亿元，占全年社会融资规模增量的 81%。

（2）表外融资持续萎缩，压低社融同比增速。2018 年新增非标融资 -2.9 万亿元，比 2017 年全年少增 6.5 万亿元。其中新增委托贷款 -1.61 万亿元，同比多减 2.39 万亿元；新增信托贷款 -6901 亿元，同比多减 2.95 万亿元；新增未贴现的银行承兑汇票 -6343 亿元，同比多减 1.17 万亿元。

（3）信用债违约频发。2018 年 4 月以来，债务违约事件频发，企业债券融资成本上升，为降低不良贷款率，银行放贷较为谨慎，中小企业融资较为困难。2018 年 6 月 1 日，央行公布适当扩大 MLF 担保品范围，新纳入的包括不低于 AA 级的小微企业、绿色和“三农”金融债券，AA+、AA 级公司信用类债券，优质的小微企业贷款和绿色贷款，一定程度上缓解了市场对信用债风险的担忧。10 月，央行引导设立民营企业债券融资支持工具，通过出售信用风险缓释工具、担保增信等多种方式促进民营企业债券融资。2018 年下半年以来，企业债券融资有所回升，2018 年全年新增企业债券融资 2.48 万亿元，比上年同期高 2.03 万亿元。

9 月起人民银行将“地方政府专项债券”纳入社会融资规模统计中。新口径下社会融资规模存量同比增速持续下降，2018 年 12 月，社会融资规模存量同比增速为 9.8%，较上月下降 0.1 个百分点。如果去除地方政府专项债，原口径下，12 月社会融资规模存量同比增速仅为 9.1%。2019 年地方政府专项债加快发行，或将支撑年初的社融存量同比增速，然而整体来看，随着金融监管的进一步落实，表外融资将持续萎缩，加之实体经济融资需求不足和银行风险偏好下降，2019 年社会融资增速仍将处于低位。

（三）M2 同比增速 8.1%，与上年持平

2018 年 12 月末广义货币供给量 M2 为 182.67 万亿元，同比增长

预期稳不住，不管是需求还是供给，不管是实体经济还是金融市场，不管是对内还是对外，都无法稳住。其主要举措是切实贯彻执行“四个全面”，尤其是全面深化改革、全面推行依法治国，确保包括民营企业家在内的所有人的财产和人身安全。

其次，供给扩张。切实减税降费，进一步大规模简政放权，降低企业的经营成本和交易成本。

最后，需求扩张，主要目标是为了稳增长。但在具体措施方面，应该是“财政扩张，货币稳健”这样的政策组合，财政扩张的目标是稳增长，货币稳健的目的是防风险。

一、需求管理政策

预计货币政策将保持稳健偏宽松，预计央行将继续通过降准和中期借贷便利 MLF 补充流动性，完善 MPA 考核体系，加大对小微企业的金融支持。积极的财政政策将通过减税、转移支付，刺激企业、居民需求。另外，还将通过对外开放扩大外需。

（一）货币政策

当前外部环境发生明显变化，世界经济增速预期下滑可能造成外需对经济的边际拉动作用减弱，需要通过扩大内需稳定经济增长。当前，实体经济融资需求仍较疲弱，银行风险偏好较低，预计 2019 年信贷上升幅度有限。随着减税降费的逐步落实，以及地方政府专项债的加快发行，预计 2019 年新增财政存款可能低于 2018 年同期水平，提高 M2 同比增速。综合看来，2019 年末，M2 同比增速可能达到 8.5%。

第一，继续通过降准和 MLF 补充流动性。2018 年央行分别在 1 月、4 月、7 月、10 月实施四次定向降准，并搭配中期借贷便利、抵押补充贷款等工具投放中长期流动性。2018 年 10 月定向降准后，中国大型存款类金融机构的存款准备金率为 14.5%，中小型金融机构存款准备金率为12.5%，在国际上仍然处于相对高位。国外多实行的是差别存款准备金制度，比如美国的存款准备金率在0%～10%，日本的是0.05%～1.3%，印度的存款准备金率是4%。随着金融监管的趋严，非标融资逐渐萎缩，表内信贷需求增加，预计未来将进一步降低存款准备金率，配合中长期借贷便利、抵押补充贷款等工具投放中长期流动性，疏通货币政策传导渠道。

第二，加大对小微企业的金融支持。2018年以来央行通过定向降准、定向降息、再贷款、再贴现、抵押补充贷款（PSL）等多种政策工具给予小微企业贷款全方位流动性支持，并推动实施民营企业债券融资支持工具，为部分债券发行遇到困难的民营企业提供增信支持。然而，从货币政策传导机制的角度看，银行体系流动性能否传导到小微经济，取决于供求双方的需要、风险偏好和能力。近几个月银行票据融资的增长说明了银行仍偏好大中型企业。为引导资金流向小微企业，一方面要进一步完善宏观审慎评估（MPA）考核，在MPA中调整对小微企业融资的评估指标；另一方面，要逐步完善小微企业的征信和担保体系建设，发展第三方征信、信用评级等机构，推动担保、再担保和风险补偿体系建设，建设小微贷款风险补偿机制，提升金融机构对小微企业的风险偏好。

第三，防范金融风险，加强宏观审慎管理。2019年，企业债务风险、地方政府债务风险、房地产市场风险、互联网金融风险等仍很严峻。国有企业资产负债率较高；地方政府隐性债务规模较大，存在期限错配风险；居民短期贷款高速增长，部分“消费贷”违规进入房地产市场；互联网金融平台发生了诸多违约、卷款潜逃、非法集资等现象。2019年，防范金融风险仍是货币政策的重要目标之一，要进一步加强金融监管，健全金融监管体制，完善中央与地方金融监管职责分工。加强影子银行监管，统一监管标准，阻断违规资金流入地方政府隐性债务的渠道。继续完善宏观审慎评估（MPA）考核，强化系统性风险监测评估，建立健全金融机构风险处置机制。

（二）财政政策预判

第一，支持重点基础设施建设。为稳增长，预计 2019 年积极的财政政策取向不变，但是调整优化财政支出结构，确保对生态保护、污染防治等重点领域和项目的支持力度，以及支持加快实施雄安新区建设和“一带一路”建设。同时，加快 5G 商用步伐，加强人工智能、工业互联网、物联网等新型基础设施建设，加大城际交通、物流、市政基础设施等投资力度，补齐农村基础设施和公共服务设施建设短板，加强自然灾害防治能力建设。

第二，继续增加转移支付。2018 年为了提高居民人均可支配收入，加大了转移支付力度，有效防止了消费增速过度下滑。预计 2019 年，仍将继续增加退休人员的收入，提高低保收入的标准，尤其是增加农村居民的收入。提高低收入群体的收入，能够缩减贫富、城乡差距的同时，促进消费。

第三，妥善解决地方政府债务问题。一方面，整体来看，2018 年中国地方政府债务规模有所上升，但总体可控。另一方面，随着去杠杆的推进，政府杠杆率小幅下降。但是尽管政府总体债务水平可控，不同地区债务风险差异较大，部分地区风险较高。地方政府债务成为影响经济稳定发展的重要因素。2018 年 9 月 13 日，中共中央办公厅、国务院办公厅印发了《关于加强国有企业资产负债约束的指导意见》（以下简称《意见》），《意见》指出，对于严重资不抵债失去清偿能力的地方政府融资平台公司，依法实施破产重整或清算，坚决防止“大而不能倒”。这就要求，首先，要准确核算当前地方政府债务规模，尤其是隐性地方政府债务，为合理处置债务风险奠定基础；其次，对地方债务问题继续推行严监管，推动业务相同或互补的地方城投平台合并，扩大规模和业务范围，提高效率；再次，规范 PPP 项目。

(三) 扩大对外开放

扩大对外开放，放宽市场准入。2019 年预计贸易顺差和经常账顺差双双减少的情况下，中国需要通过扩大对外开放，放宽市场准入的政策措施加以缓解。对外开放一方面要支持中国商品的出口，可以通过减税来减轻出口企业因中美贸易摩擦带来的经营困难，帮助出口企业重新找寻买家；长期政策包括促进实体企业融资、鼓励企业创新，提升出口产品的质量。同时继续推动“一带一路”倡议和中非合作，扩大对这些国家的出口。

另一方面就是放宽国内市场准入门槛，吸引国外资本进入国内，有序放宽市场准入，全面实行准入前国民待遇加负面清单管理模式，保障外商投资的合法权益。另外，还将继续推动自由贸易试验区的发展，积极引进先进的机械设备、生产技术和管理经验，以及下调部分产品进口关税，扩大进口。

汇率变化直接影响出口。完善人民币汇率市场化形成机制。在全球加息、贸易恐慌、国内经济下行压力加大的背景下，2019 年人民币汇率仍存在贬值压力。中国应该深化汇率市场化改革，完善以市场供求为基础、参考一篮子货币进行调节的、有管理的浮动汇率制度，加大市场决定汇率的力度，增强人民币汇率双向浮动弹性，保持人民币汇率在合理均衡水平上的基本稳定。加快发展外汇市场，坚持金融服务实体经济的原则，为基于实需原则的进出口企业提供汇率风险管理服务。稳步推进人民币资本项目可兑换，完善人民币跨境使用的政策框架和基础设施，坚持发展、改革和风险防范并重。密切关注国际形势变化对资本流动的影响，完善对跨境资本流动的宏观审慎政策。

稳定预期，避免大幅波动。从汇率的自然走势来看，2019 年在没有政策干预的情况下处于一定的贬值压力。首先，美国经济目前一枝独秀，经济增速较为强劲，而中国经济持续面临下行压力；然后，随着美联储 2018 年完成第四次加息至 2.25% ~2.50%，中美利差进一步收窄，部分利率出现倒挂；最后，中美贸易摩擦的持续与升级造成人民币贬值的压力，若未来未达成贸易协议，人民币汇率或将大幅度贬值。因此，预计没有政策干预下的 2019 年人民币汇率处于一定的贬值压力，出现破“7”是大概率事件，而且很有可能出现 20% 的大幅贬值程度，使人民币汇率达到 8 左右。但是，随着 2019 年美联储加息节奏逐步放缓，从早期的三次加息缩减至两次，这对人民币汇率的冲击也将明显减弱，由此可以减轻中国货币政策的实施空间。所以，未来国内对汇率的政策目标以稳定为主，避免造成汇率的大幅波动，影响国内市场预期。

二、供给管理政策

预计 2019 年中国的供给管理政策将侧重于降低企业成本（包括制度性交易成本），提高企业效率，改善劳动力市场流动性，加快产业结构升级，扩大对外开放，坚持高新技术自主开发和给予非国有企业与国有企业同等的待遇。

（一）降低企业生产经营成本

2019 年可能降低的企业成本包括税费负担以及要素成本等。

第一，减税。特朗普政府进行的减税不仅促进了美国本土企业的发展，还刺激了大量海外企业回流美国。美国的减税政策直接导致了美国在 2018 年创下了近年来最好的经济增长势头。这给世界其他国家带来巨大压力，迫使其他国家也不得不跟随减税步伐。2019 年中国可能会进一步优化增值税结构，改善征税流程，降低并简化增值税税率。未来中美之争的核心在于实体经济，降低增值税，有利于减轻企业负担，推动实体经济增长。2018 年《政府工作报告》提出了“改革完善增值税制度，按照三档并两档方向调整税率水平，重点降低制造业、交通运输等行业税率，提高小规模纳税人年销售额标准”的要求。国务院常务会议决定，从 2018 年 5 月 1 日起，实施以下深化增值税改革措施：一是适当降低税率水平，原有的 17%、11%、6% 三档税率调整为 16%、10%、6%。二是统一增值税小规模纳税人标准，将工业企业和商业企业小规模纳税人的年销售额标准由 50 万元和 80 万元上调至 500 万元。三是退还部分企业的留抵税额。当前已执行 16%、10%、6% 三档税率，但对于在继续降低整体水平的同时，如何按照三档并两档方向调整税率水平，成为未来增值税改革的重要任务。

第二，适当降低社保费率和公积金缴存比例，以缓解新的社保制度给企业带来的负担。

第三，降低国有企业的政策性负担，主要原因在于国企承担了大量社会功能，如教育、医疗和养老等。

第四，完善对创新活动的税收优惠支持政策和环保征税制度。

第五，进一步完善金融配套措施，提高金融服务企业效率，降低企业融资成本。

（二）正确处理政府与市场的关系，降低制度性交易成本

制度变迁是供给管理的政策工具的一种，在中国这样的转轨国家，制度变迁经常发生而且可以很快。总的来说，为促进经济稳定增长，可以设法降低制度性交易成本，这就需要加快改革，正确处理政府与市场的关系，包括行政体制、企业体制、创新体制、财税金融体制以及基础制度供给的改革等。行政体制变革主要包括减轻政府对市场的监管，强调市场的作用；创新体制方面则主要包括增加研发投入、完善创新环境、增加对创新的人力资本激励；财税金融改革则主要包括优化税收结构、完善中央和地方财权事权关系以及完善金融发展环境；基础制度则主要包括社会保障制度、产权保护制度以及环境保护制度的完善。

（三）国有企业改革

中国的国有企业长期以来存在权力界定不明、责任划分不清、利益导向含混的问题，过度的行政干预、政企不分、权责利不明制约了国有

企业的长期发展。与此同时，财政兜底、国有企业刚性偿付债务的制度也无法有效激发国有企业经营者的积极性。在这些因素的制约下，中国的国有企业难以成为市场中真正有活力的微观主体。

党的十八届三中全会明确指出“全面深化改革的总目标是发展和完善中国特色社会主义制度，推进国家治理体系和治理能力现代化”。全会指出，“经济体制改革是全面深化改革的重点，核心是处理好政府和市场的关系，使市场在资源配置中起决定作用和更好发挥政府作用”。与此同时，2018 年的中央经济工作会议在指导思想里特别提到“着力激发微观主体活力”。对国企而言，国企改革要在发展和完善中国特色社会主义制度的前提下，按照市场化的方向对国企进行改革。

国有企业市场化改革的首要任务是明确国有企业的权责利三要素，使国有企业成为真正意义上的市场主体。同时，打破财政兜底、刚性债务偿付制度，引入市场奖惩机制，促使国有企业真正成为依法自主经营、自负盈亏、自担风险、自我约束、自我发展的独立市场主体。

（四）改善劳动力市场流动性

高度的劳动力流动性可以降低劳动者技能与工作类型的错配，提高工作效率，增加劳动者收入，促进经济增长。为进一步改善劳动力市场流动性，可以采取以下措施：第一，消除歧视。注重解决结构性就业矛盾，解决好性别歧视、身份歧视问题。第二，户籍改革。加速推进全面取消农业户口，进一步完善户籍制度，比如进行条件入户或积分入户改革。第三，完善用工制度。政府将进一步完善最低工资、保险等方面的用工制度，保障劳工的合法权益。

（五）产业结构升级

可以继续推进产业结构升级，提升要素利用效率和产业竞争力，扩大有效供给。首先，改造传统产业。逐步淘汰落后低端产能，同时避免产业结构转型中的空心化现象。其次，提升新兴产业比重。鼓励发展新兴产业和高科技产业，充分利用世界新一轮产业技术革命，紧跟时代发展潮流，发展新技术，学习新工艺，发掘新管理模式。最后，增加对新兴产业的支持。政府将扩大研发投入规模，支持支柱产业、战略性产业以及新优势产业的发展。

（六）扩大对外开放

对外开放在增加需求的同时也能增加供给。扩大对外开放能够吸引更多FDI，从而提高中国的资本积累，同时能够带来先进的管理经验和生产技术，以及缓解中国的资源约束。预计2019年中国将继续扩大对外开放，增加外资吸引力。具体来看，2018年大幅度放宽了市场准入，负面清单长度由63条减至48条，共在22个领域推出开放措施，未来还需加快政策的落实，保障外商投资的合法权益。另外，还将继续推动自由贸易试验区的发展，积极引进先进的机械设备、生产技术和管理经验，以及下调部分产品进口关税，扩大进口。

（七）坚持高新技术的自主研发

随着中国与发达国家在技术层面的差距不断缩小以及国际技术壁垒的提高，已经很难通过对外开放的外溢效应和后发优势取得高速的技术进步。为了避免再遭遇中兴困境，中国企业应该坚持自主研发打破海外对高科技的垄断，政府应该加大投入鼓励企业自主创新，降低中国企业对国外高新技术的依赖度。工艺创新、资源创新和部分类型的制度创新能够提高企业的生产率，扩大供给。政府可以从以下四方面促进技术升级：首先，建立和完善技术创新基础设施。根据经济发展规模和技术水平，建立配套的高新技术园区和产业技术研发基地，形成技术创新规模效应。其次，加大政策支持力度。政府加大对新技术、关键领域技术以及基础性技术研发的研发投入力度。再次，培育人力资本。加大对技术创新型人才的培育力度，鼓励创新，增加对技术创新人员的制度和财政上的激励。最后，产学研一体化。新的技术最终应用于产业生产，需要高校、科研院所和生产部门的有序协调，积极促进高校和科研院所的技术研发向实体经济的转化。

（八）给予非国有企业与国有企业同等的待遇

国有企业对中国经济的重要性不言而喻，除了掌握国家经济命脉外，国企还承担了大量社会功能，如教育、医疗和养老等。但是，长期以来相比非国有企业，国企普遍存在效率低下的问题。党的十九大报告也提出，清理妨碍统一市场和公平竞争的各种规定和做法，支持民营企业发展，激发各类市场主体活力。因此，有必要在2019年加速推进在政策扶植以及融资方面给予非国有企业与国有企业同等的待遇。

三、市场环境管理

当前国内外形势错综复杂，经济下行风险加大。从中央经济工作会议释放出的信号可以看出，2019年的宏观政策是积极的财政政策和稳健的货币政策，稳增长、刺激内需，仍需刺激投资。但近些年来释放出的流动性难以进入实体经济，总是滞留在资本市场，造成股市、房市的大幅波动。种种这些问题的出现，其实还是要靠培育优良的营商环境来解决。

中国当前“营商环境”存在一些弊端，表现在：其一，计划过多，市场不足。从2016年、2017年煤炭、钢铁价格的大幅波动就能侧面地反映出浓厚的计划气息。粗暴执法去产能、关停企业导致供需不匹配，价格大幅波动，给经济带来了不必要的损失。其二，法制不健全，没有充分地利用法律来保护国家和私人的利益。还是以2016年、2017年煤炭、钢铁价格的大幅波动为例，如果依靠法律设置监督处罚机制，就不会出现因人为干预产生价格大幅波动的现象了。依法办事，设置好监督处罚机制，企业就会自动调节退出产业或改良环保设施，市场也是自动调节的，就不会短时间内出现大量产出缺口。

对此，我们认为可以从以下几个方面加以改进：第一，以市场为导向，减少行政干预，尤其在价格制定方面。第二，加强依法治国，制定好相关的法律法规等监督机制、减少人为干预。当前的债务、环境、价格等问题的根本解决，是需要以法律为保障，以市场为导向的营商环境。一方面，法律可以保障投资者的利益，刺激投资者的创新意识；另一方面，规范的市场环境，也规范了企业的行为。在处罚成本高于利润所得时企业会自动地退出市场，直到以价格为导向达到新的平衡。第三，保持政策的稳定性、连贯性，不要在短期内频繁地改变政策，避免政策目标摇摆。不要一会调结构，一会又要稳增长，一段时间后又要控风险。尤其是财政、货币政策要稳定，不能频繁变化，否则企业会因看不清方向，而惜金观望。2016 年初，民间固定资产投资增速出现了断崖式下滑，当时去低端产能、降低企业杠杆风头正劲。到了 2017 年下半年，又出现了环保趋严的系列监管，同时企业杠杆率问题再次被列为防风险之重，民间投资增速再次出现下滑。可见，企业对政策的敏感，政策的连贯性对稳投资的重要。第四，注意引导市场预期，防控因扩内需引致的风险。这主要是指防控资金流向房地产市场和资本市场，加剧泡沫的扩大。

第八章 宏观经济展望

综合2019年宏观经济的自然走势和政府政策的影响，我们预计2019年GDP同比增长6.3%左右，CPI同比增长2.6%左右，PPI同比增长1.3%左右。

供给端，我们预计2019年工业增加值同比增长6.2%。需求端，预计2019年消费累计同比增长6.0%，固定资产投资累计同比增长5.1%，出口同比增长5.0%。

货币金融方面，随着金融监管的逐步推进，表外资金回表需求继续增加，预计2019年信贷将继续扩张。随着积极的财政政策更加积极，地方政府债发行规模逐渐扩大，财政支出也将增加，2019年财政存款可能低于2018年同期水平，提高M2同比增速。预计2019年末，M2同比增速达到8.5%。详见表8-1。

表8-1 2019年宏观经济指标预测

指标	2019年一季度	2019年二季度	2019年三季度	2019年四季度	2019年预测
	经济增长				
GDP当季同比（%）	6.4	6.4	6.5	6.3	6.3
工业增加值累计同比（%）	6.2	6.3	6.2	6.1	6.2
固定资产投资累计同比（%）	6.5	6.2	5.6	5.1	5.1
社会消费品零售总额累计同比（%）	7.3	6.8	6.3	6.0	6.0
出口累计同比（%）	2.0	3.5	6.4	7.2	5.0
进口累计同比（%）	3.5	6.7	10.5	11.6	8.0

续表

指标	2019 年一季度	2019 年二季度	2019 年三季度	2019 年四季度	2019 年预测
贸易累计差额（亿美元）	550	1350	2250	3200	3200
	通货膨胀				
CPI 累计同比（%）	1.8	2.0	2.3	2.6	2.6
PPI 累计同比（%）	0.4	0.6	0.7	1.3	1.3
	货币信贷				
M2 同比（%）	8.3	8.3	8.4	8.5	8.5
新增人民币贷款（万亿元）	5.1	4.5	4.1	3.2	16.9

下篇 专题报告

本报告下篇为专题报告部分，是对上篇展望报告的支持文件和基础，主要是对影响 2019 年经济安全平稳运行的重要热点问题进行详细分析。

第九章　社保征缴方式调整对宏观经济的影响

2018 年 3 月 21 日，中国共产党第十九届中央委员会第三次全体会议通过了《深化党和国家机构改革方案》，致力于推进国家治理体系和治理能力现代化的深刻变革。其中，在深化国务院机构改革的内容中涉及“为提高社会保险资金征管效率，将基本养老保险费、基本医疗保险费、事业保险费等各项社会保险费交由税务部门统一征收”条例。接着，中共中央办公厅、国务院办公厅于 2018 年 7 月 20 日印发了《国税地税征管体制改革方案》，其中明确规定从 2019 年 1 月 1 日起，将基本养老保险费、基本医疗保险费、失业保险费、工伤保险费、生育保险费等各项社会保险费交由税务部门统一征收。换言之，原先由社保部门负责，或是社保部门核定、税务部门代征均转变为由税务部门统一征收，而税务部门的征管严格度将会大大地提高。

从企业角度来看，一些以往社保少缴漏缴的企业或将面临一次性的大额社保补缴，造成企业业绩在中短期内遭受巨大波动，而严格执行的社保缴纳将抬高企业的经营成本，造成企业长期经营困难，尤其是劳动密集型企业。从企业员工的角度来看，社保征缴方式调整后上缴的社保基金增加了，从长远看，社保缴费基数提高，社保待遇自然也会水涨船高，增加社保权益，但若从当前来看，企业员工到手工资反而是减少了，影响员工的消费。从上述企业和员工的角度分析看，社保征缴方式调整显然会对当前的宏观经济产生一定的影响。

一、社保征缴方式调整解读

社会保险是一种为丧失劳动能力、暂时失去劳动岗位或因健康原因造成损失的人口提供收入或补偿的一种社会和经济制度，主要包括养老保险、医疗保险、失业保险、工伤保险和生育保险。而其本质则是一种再分配制度，由政府举办，强制某一群体将其收入的一部分作为社会保险税（费）形成社会保险基金，在满足一定条件的情况下，被保险人可以从基金获得固定的收入或损失的补偿，目的在于保证物质及劳动力的再生产和社会的稳定。在中国，社会保险是社会保障体系的重要组成部分，居于整个社会保障体系的核心地位。

关于社会保险费，即社会保险征收的缴费金额，其主要由企业和员工共同分担，具体的缴费金额计算公式简言之就是社会保险基数乘以社会保险缴费比例。其中，社会保险基数是指员工在一个社保年度的社会保险缴费基数，按照员工上一年度 1 月至 12 月的所有工资性收入（包括计时工资、计件工资、奖金、津贴和补贴、加班加点工资、特殊情况下支付的工资等）所得的月平均额来确定。但是，考虑到公平合理的征收原则，社会保险基数会按照地区和个人的实际情况存在一定差异，并且对其设置有上限和下限之分。而社会保险缴费比例则由企业和个人共同组成，两者的缴费比例存在差异，但企业承担的比例大于个人。同时，针对不同的社会保险种类也有其对应的缴费比例，即险种之间的缴费比例也是不同的。

对于社会保险基数的确定，虽然根据其定义是员工上一年度所有工资性收入的月平均额，但将该平均额作为社会保险基数需要满足一个上下限。上限是员工工资超过上一年省、市在岗职工月平均工资算术平均数 300% 以上的部分不计入社会保险缴费基数；下限是员工工资低于上一年省、市在岗职工月平均工资算术平均数 60% 的，以上一年省、市在岗职工月平均工资算术平均数 60% 为缴费基数。然而，也正是因为存在社会保险基数的下限，诱使企业和员工以下限为社保基数上交社会保险费，从而产生了社保少交的情况。对于社会保险缴费比例，是由各地区的人社部进行统一规定，不同险种的比例均不相同。就以北京为例，企业缴纳比例分别是19%（养老保险）、10%（医疗保险）、0.8%（失业保险）、0.8%（生育保险）、0.4%（工伤保险），个人缴纳比例则分别是8%（养老保险）、2%+3（医疗保险）、0.2%（失业保险）。

根据国内最大的社保第三方专业机构“51社保”发布的2017《中国企业社保白皮书》显示，只有24.1%的企业完全合规缴纳社保，而75.9%的企业未按照员工工资的实际核定缴费基数，其中22.9%的企业统一按最低基数缴纳，22.9%的企业按企业自行分档基数缴纳，剩下的11.3%企业按固定工资部分缴纳。那么，为了详细展示在施行社保由税务征收改革后对企业和个人社保缴纳的变化，现以北京为例进行说明。

依据国家统计局公布的2017年北京市平均工资额8467元为例，假定社保征缴方式调整前企业和个人按最低基数进行缴纳，同时假定某员工的实际工资额为10000元。那么，社保征缴方式调整前后的社保费用明细如表9-1和表9-2所示。

表9-1　企业缴纳的社会保险费　　单位：元

社保险种	社保缴纳比例（%）	下限社保基数	下限缴纳社保费用	正规缴纳社保费用
养老保险	19	3387	644	1900
医疗保险	10	5080	508	1000
失业保险	0.8	3387	27	80
生育保险	0.8	5080	41	80
工伤保险	0.4	5080	20	40
加总	31		1240	3100

资料来源：国家统计局、北京市人社部、北京大学国民经济研究中心计算。

由表9-1可见，当企业以社会平均工资的下限进行缴纳社保时，社会保险费支出总额为1240元，但社保征缴方式调整之后，对于一个月平均收入为1万元的员工，企业需要支出3100元的社会保险费。对比发现，社保征缴方式调整后，企业的社保支出是改革前的2.5倍，需额外每月支出 1860 元，一年则是 22320 元。如果假定该企业具有这样的员工 50 名，那么一年需要额外增加 111.6 万元的社保支出，人工成本将上升 15.68%。

表 9-2 个人缴纳的社会保险费 单位：元

社保险种	社保缴纳比例	下限社保基数	下限缴纳社保费用	正规缴纳社保费用
养老保险	8%	3387	271	800
医疗保险	2% +3	5080	105	203
失业保险	0.2%	3387	7	20
加总	10.2% +2		383	1023

资料来源：国家统计局、北京市人社部、北京大学国民经济研究中心计算。

由表 9-2 可见，当个人以社会平均工资的下限进行缴纳社保时，社会保险费支出总额为 383 元，在社保征缴方式调整之后，对于一个月平均收入为 1 万元的员工，个人需要支出 1023 元的社会保险费。对比发现，社保征缴方式调整后，个人的社保支出是改革前的 2.67 倍，需额外每月支出 640 元，一年则是 7680 元，工资收入下降 6.65%。

通过以案例的形式对社保征缴方式调整前后的社会保险费支出情况进行了详细的解读，总体结果表明企业和个人在社保征缴方式调整后均需要补交高额的社保费用，改革后与改革前的社保支出之比均达到了 2.5 倍左右。

二、社保征缴方式调整对国内上市公司的影响

(一) 相关计算说明

本部分重点探讨社保征缴方式调整对国内上市公司的影响，研究对象即是全部 A 股的上市公司。在剔除相关异常数据之后①，本研究最终

① 个别上市公司刚上市，2017 年的年报未公布，以及个别上市公司年报为公布社会保险费数据，故而剔除。

共收集到 3537 家 A 股上市公司数据样本。其中，数据指标分别是员工总数，工资、奖金、津贴和补贴总额，社保缴纳总额，净利润以及各省的平均工资。此外，本章也从各省市的人力资源和社会保障局收集了 2017 年当地社保缴纳基数的上下限和比例数据。

（二）测算结果分析

1. 社保征缴方式调整影响总览

首先，本章将所有上市公司重新计算的正规缴纳社保额同实际缴纳社保额进行对比发现：国内 3537 家上市公司中只有 141 家上市公司在 2017 年是正规缴纳社保的，占全部上市公司的比例仅为 4%，剩余的 3396 家上市公司在 2017 年的实际缴纳社保额均小于本章计算的正规缴纳社保额，也就意味着这些上市公司或多或少存在社保费用少交的现象。

然后，本章通过计算 3396 家上市公司应补缴的社保费用后发现：共有 361 家上市公司在 2017 年应补缴的社保费用高于其当期年净利润，意味着这些上市公司一年的净利润都抵不过需要补缴的社保费用，企业经营将陷入困境或濒临破产。经估算这些企业的就业总人数达到 169.9 万，占上市公司总就业人数的 7.9%。当然，即使存在亏损，企业也未必破产，甚至都未必裁员。例如，361 家上市公司中就有 215 家在净利润为负的情况下仍在运营。此外，除去 361 家年净利润不抵应补缴社保费用的上市公司，剩余 3035 家上市公司的年净利润足够补缴社保费用，补缴社保额约占这些上市公司总净利润的 7%，但一般情况下，净利润的下降或多或少也会引起部分企业采取裁员措施。

为了尽可能准确地估算上市公司的裁员人数，本章依据上市公司的经营现状将 3396 家上市公司分成三类，分别是 215 家净利润始终为负的上市公司、146 家净利润由正转负的上市公司以及 3035 家净利润始终为正的上市公司。这是因为企业的经营现状会影响其裁员比例，例如净利润一直为正的企业，其裁员比例一般相对小于经营面临困境的企业，所以本研究接下来分别对这三类上市公司估算裁员人数。但是，正如前文所述，有些企业即使亏损或是受到不利冲击也未必会裁员，因为通常是抗风险能力较弱的企业才会裁员，为了尽可能准确估计裁员企业比例，我们收集了2007年和2008年国内所有上市公司在应对金融危机时的就业人员变动和净利润变动数据，尝试利用金融危机的不利冲击类比推算可能采取裁员措施的企业比例，并进一步测算裁员总人数。同时，我们也考虑到金融危机的冲击不同于社保征缴方式的调整，所以针对净利润始终为正的上市公司主要通过计算单位净利润下降引起的裁员人数来计算可能的裁员数量。至于其他两类，由于企业净利润均为负可能导致经营困难，所以企业不管是应对金融危机还是应对社保征缴方式调整，通过裁员维持经营的最终目的是相似的，故而对这两类企业我们通过计算裁员企业比例和裁员数量比例来计算可能的裁员数量。

因此，通过以上计算发现（如表9－3所示），本次社保征缴方式调整共引起国内所有上市公司裁员约97万人。此外，从上市公司整体情况来看，2017年所有A股上市公司实际共缴纳社会保险费4448亿元，但如果足额缴纳的话，总共需要再交2634.5亿元左右，社保支出增加比例达到了59.23%，将提升上市公司平均人工成本约10.5个百分点。此外，上市公司因社保征缴方式调整而破产或采取裁员等措施导致上市公司员工失业人数约97万人，约占上市公司总就业人数的4.5%。从宏观层面来看，若以2017年城镇登记失业率3.9%为准，社保征缴方式调整就会导致城镇登记失业率上升约0.2个百分点。

表9－3　社保征缴方式调整的影响总览

正规缴纳上市公司	141家（占比4%）
改革后经营困难上市公司	361家（占比10%）
全部上市公司缴纳社保总额	4448亿元
改革后全部上市公司多交社保额	2634.5亿元
社保支出增长率	59.23%
上市公司平均人工成本	上升10.5%

续表

上市公司失业总人数	约 97 万
失业人数占上市公司总就业人数之比	约 4.5%
城镇登记失业率	上升 0.2 个百分点

资料来源：北京大学国民经济研究中心计算。

通过以上计算和分析表明，社保征缴方式调整仅从上市公司层面就引起了较大的不利影响，假使将未上市公司考虑在内，不利影响恐将进一步放大。但是，如果在社保征缴体制调整后能够继续维持上市公司社保支出不变，那么，这种调整对上市公司以及国内宏观经济的不利影响也就不复存在。为此，本研究分别计算每家上市公司在维持社保支出不变情况下的社保缴费比例降幅，并按照各上市公司所属地区计算地区均值，具体结果如图 9－1 所示。若将所有地区再取均值，发现需要平均降低社保费用 46.6%，即实现全国各省市 12.38% 的平均社保缴费比例降幅，即可维持上市公司的社保支出不变，社保征缴方式调整引致的不利影响就会消除。

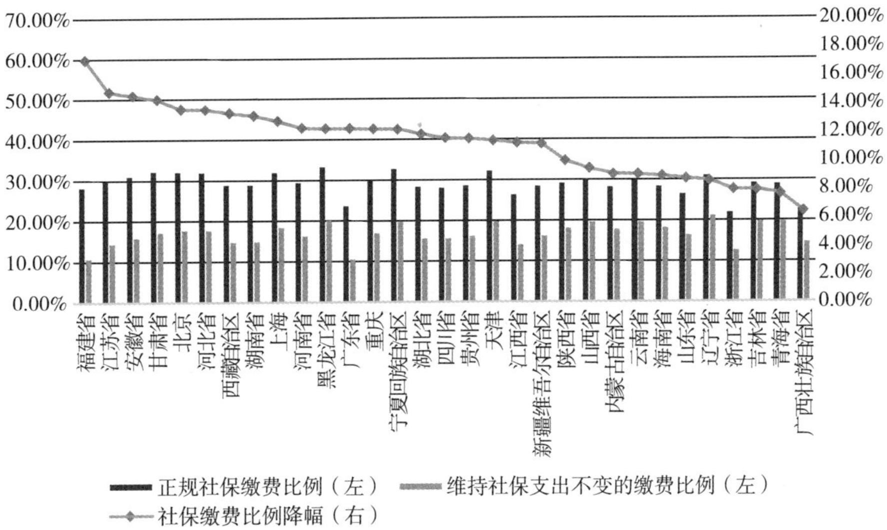

图 9－1　维持社保支出不变的缴费比例降幅情况

2. 分行业讨论社保征缴方式调整的影响

通过将所有样本的上市公司按照所属行业类型进行分类研究，经过计算各行业的上市公司社保支出后发现（见表9－4），制造业是所有行业中缴纳社保费用最多的行业，2017 年社保缴纳总额为 1471.33 亿元，同时也是补交社保额最高的行业。其次是金融业，2017 年社保缴纳总额为 1199.23 亿元，改革后需多交社保额 471.46 亿元。而居民服务、修理和其他服务业则是所有行业中缴纳社保费用最少的行业，2017 年为 0.21 亿元，同时也是补交社保额最低的行业。

表 9－4　2017 年国内上市公司分行业社保支出情况　　单位：亿元

行业类别	社保缴费总额	正规社保应交额	少交社保额
制造业	1471.33	2542.36	1107.73
金融业	1199.23	1661.72	484.47
建筑业	422.43	653.21	230.85
交通运输、仓储和邮政业	237.28	386.07	149.76
信息传输、软件和信息技术服务业	188.43	335.29	147.90
批发和零售业	132.55	259.06	127.23
采矿业	442.28	559.21	119.96
房地产业	86.73	204.54	117.98
电力、热力、燃气及水生产和供应业	134.94	150.10	24.85
租赁和商务服务业	27.47	47.62	22.53
文化、体育和娱乐业	30.24	50.69	20.44
农、林、牧、渔业	15.70	35.81	20.31
科学研究和技术服务业	19.28	38.83	19.54
水利、环境和公共设施管理业	12.71	26.08	13.46
卫生和社会工作	7.34	18.52	11.18
住宿和餐饮业	12.18	19.82	7.64
教育	2.95	7.88	4.93
综合	4.67	8.26	3.62
居民服务、修理和其他服务业	0.21	0.34	0.13

资料来源：2017 年上市公司年报、北京大学国民经济研究中心计算。

接着，通过计算社保征缴方式调整后企业缴纳社保支出的增加比例发现（如图9－2所示），所有行业社保支出平均增长率达到了83.9%，意味着社保征缴方式调整后行业平均社保支出将是原来支出的1.84倍。仔细对比各行业的增长情况发现，所有行业中没有一个行业是正规缴纳社保的。其中，增长比例超过100%的就有6个行业，分别是教育（166.9%），卫生和社会工作行业（152.3%），房地产业（136%），农林牧渔业（129.4%），水利、环境和公共设施管理业（106.0%）以及科学研究和技术服务业（101.3%），表明这些行业社保支出少交现象较严重，尤其是教育，社保少交近2/3，而科学研究和技术服务业则少交了一半。此外，社保支出增长最少的行业是电力、热力、燃气及水生产和供应业，增长比例为18.4%，表明相对于其他行业，电力、热力、燃气及水生产和供应业在缴纳社保方面相对正规，但也存在少量少交现象。

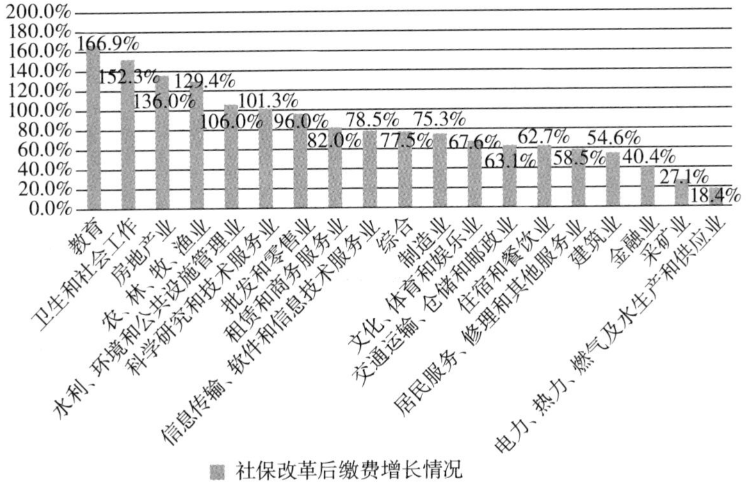

图9－2　社保征缴方式调整后分行业上市公司社保支出增长情况

资料来源：北京大学国民经济研究中心计算。

之后，从社保征缴方式调整对各行业人工成本的影响来看（如图9－3所示），所有行业的人工成本平均增长率为10.1%，意味着社保征缴方式调整后行业平均工资支出将上涨10.1%。其中教育的人工成本上升最大，为14.2%，其次是农、林、牧、渔业，为13.2%，而人工成本上升最低的行业是电力、热力、燃气及水生产和供应业，上升比例为5.5%。

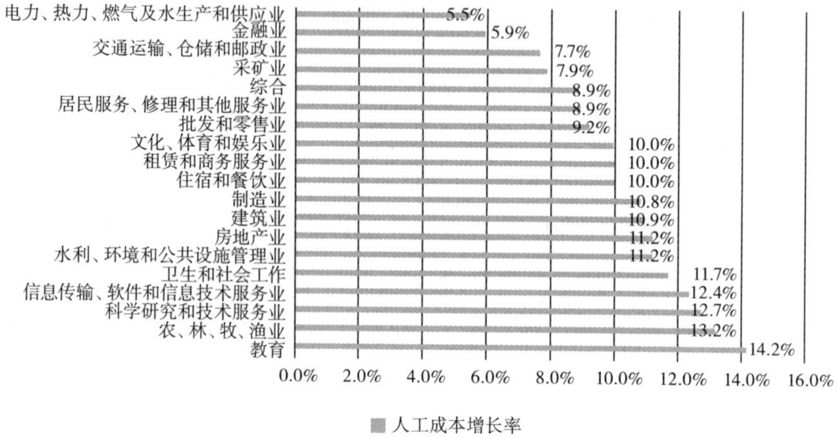

图9-3 社保征缴方式调整后分行业上市公司人工成本增长情况

资料来源：北京大学国民经济研究中心计算。

3. 分地区讨论社保征缴方式调整的影响

通过将所有样本的上市公司按照所属省份进行分类研究，经过计算各地区的上市公司社保支出后发现（见表9-5），北京市是全国缴纳社会保险费最多的地区，2017年共缴纳社保1841亿元，同时也是改革后多交社保额最大的地区。其次是广东省，2017年共缴纳社保550.13亿元，广东省共有上市公司581家，占总上市公司数量的16.4%。另外，宁夏和西藏是全国社保缴费最少的两个地区，2017年缴纳的社保总额都不到4亿元，改革后需要多交的社保额也相对较少。数据表明，宁夏和西藏分别有13家和17家上市公司，仅占北京的1/20左右；员工总数分别为3.0万和2.4万，显著低于北京、广东等地区。

表9-5　2017年上市公司分地区社保支出情况　单位：亿元

省（市、区）	社保缴费总额	正规社保应交额	少交社保额
北京	1841.37	2692.86	854.97
广东省	550.13	1003.89	463.88
上海	450.90	792.03	342.95
江苏省	175.19	356.44	181.32
浙江省	155.78	262.25	109.18
福建省	94.60	162.65	81.46
安徽省	72.73	134.69	62.10
山东省	199.85	223.02	54.23
河北省	75.15	124.92	50.73
四川省	67.40	114.07	47.07
湖北省	69.82	114.71	45.31
湖南省	55.75	96.34	40.89
天津	43.14	79.18	36.09
河南省	73.10	108.35	35.79
新疆维吾尔自治区	45.64	75.20	29.70
辽宁省	77.52	100.39	27.03
重庆	39.56	64.79	26.12
山西省	80.02	102.69	23.80
陕西省	49.11	64.87	15.89
江西省	29.88	44.85	15.64
贵州省	27.84	41.53	14.64
甘肃省	20.71	34.02	13.52
内蒙古自治区	33.92	46.19	13.11
黑龙江省	21.83	32.79	11.33
海南省	21.83	30.19	8.37
云南省	25.13	33.20	8.16
广西壮族自治区	14.07	19.42	6.25
吉林省	21.33	26.58	6.17
青海省	8.03	11.23	3.21
西藏自治区	3.06	5.96	2.97
宁夏回族自治区	3.56	6.12	2.64

资料来源：2017年上市公司年报、北京大学国民经济研究中心计算。

接着，通过计算社保征缴方式调整后企业缴纳社保支出的增加比例发现（如图 9 -4 所示），所有地区社保支出平均增长率达到了 59. 1% ，意味着社保征缴方式调整后地区平均社保支出将是原来的 1. 59 倍。仔细观察对比后同样发现，所有地区均存在社保少交的现象。其中，有一个地区的增长率超过了 1 倍，为江苏省（103. 5%），表明江苏省的社保额至少少交了一半以上。同时，5 个地区位于 80% ~100% ，10 个地区位于 60% ~80% ，7 个地区位于 40% ~60% ，剩下 8 个地区位于 20% ~40% 。总体而言，多数地区位于 40% ~80% ，社保少交约 1/3。此外，社保支出增长最少的地区是山西省，改革后社保支出增长 27. 6% ；其次是辽宁省，增长 30. 5% 。这可能是因为山西和辽宁所属上市公司员工的平均工资都相对较低（分别为 7160 元、7765 元），低于全部上市公司员工的平均工资（8934 元）；且辽宁省国营企业众多，社保缴费相对规范，数据表明辽宁省有 20% 左右的上市公司是按正规标准进行的缴费。

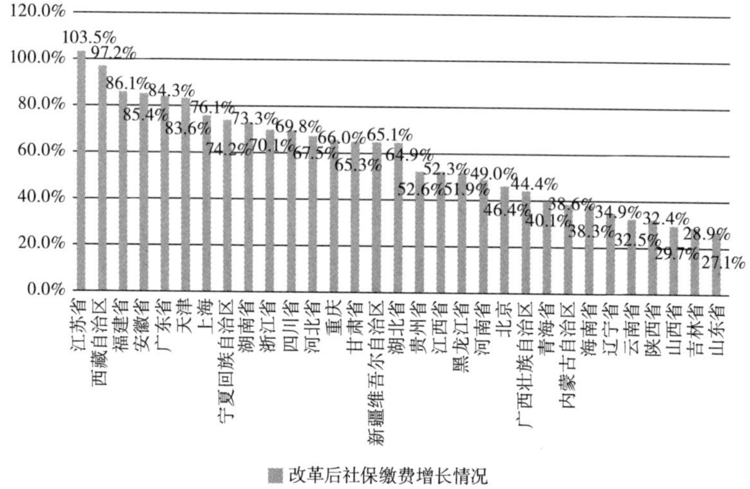

图 9 -4　社保征缴方式调整后上市公司分地区社保支出增长情况

资料来源：北京大学国民经济研究中心计算。

之后，从社保征缴方式调整对各地区人工成本的影响来看（如图

9 –5 所示)，所有地区的人工成本平均增长率为 9. 6%，意味着社保征缴方式调整后地区平均工资支出将上涨 9. 6%。其中，人工成本增长最大的地区是福建省，为 15. 1%。其次是江苏省，为 12. 9%，原因可能是福建省大多数上市公司之前社保缴费比例就偏低，所有上市公司平均社保缴费比例仅有 10. 9% 左右。而人工成本上涨最少的地区则是广西，为 5. 3%，其次是青海省，为 6. 1%。

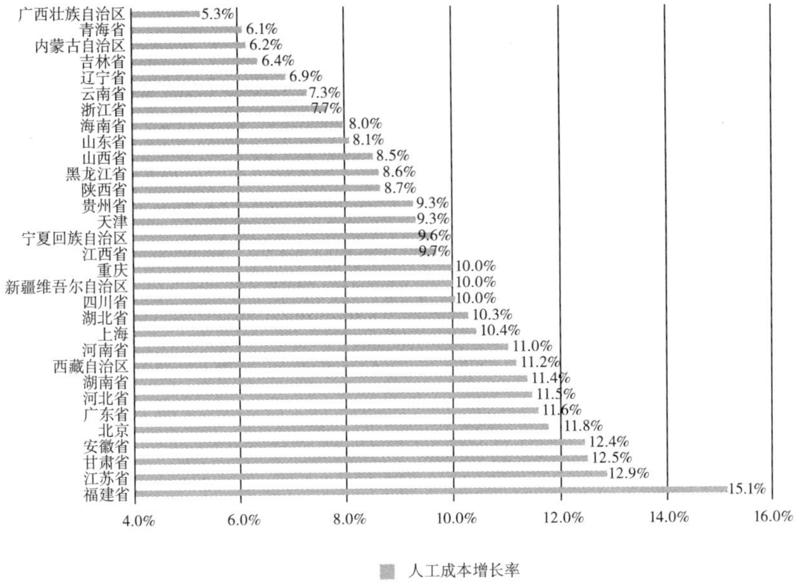

图 9 –5　社保征缴方式调整后上市公司分地区人工成本增长情况

资料来源：北京大学国民经济研究中心计算。

第十章　国际油价2018年回顾与2019年预测

一、2018年国际油价回顾与石油市场特征分析

2018年，国际油价先涨后跌，宽幅震荡，全年布伦特均价72美元/桶，同比上涨32%，WTI均价65美元/桶，同比上涨29%。布伦特最低价58.8美元/桶（11月23日），最高价86.29美元/桶（10月3日）；WTI最低价50.42美元/桶（11月23日），最高价76.41美元/桶（10月3日）。

2018年国际石油市场主要呈现三个特征：

一是供需再平衡速度超预期。2018年6月，OECD商业石油库存回归2012—2016年均值水平，供需再平衡提前实现，比市场预计的早了6个月左右。

二是地缘局势先紧后松超预期。5月8日，美国总统特朗普宣布单方面退出伊核协议，加剧地缘紧张局势，为油价额外提供了5～10美元/桶的风险溢价；11月2日，美国突然表示给予8个国家和地区的伊朗原油进口一定量的豁免，地缘紧张局势大大缓解，与全球经济下行压力和美国股市下跌带来的恐慌情绪相叠加，是导致油价大幅回落的直接原因。

三是特朗普对油价影响程度超预期。2018年以来，特朗普从多种角度对石油市场和油价施加影响——上半年，特朗普推行的减税政策刺激了经济的增长，间接提高石油需求，起到了一定的提振油价作用，主

导的新一轮伊朗核制裁提升石油供应短缺风险，也是油价在 10 月前大幅上涨的主要原因；另一方面，特朗普从 10 月开始，为了将油价控制在合理水平，以获得中期选举的支持率优势，通过社交网络发声、颁布伊朗原油豁免条款等方式，间接打压了油价。

二、2019 年国际油价预测与石油市场研判

预计 2019 年布伦特均价为 60 ~ 70 美元/桶，运行区间为 55 ~ 75 美元/桶。

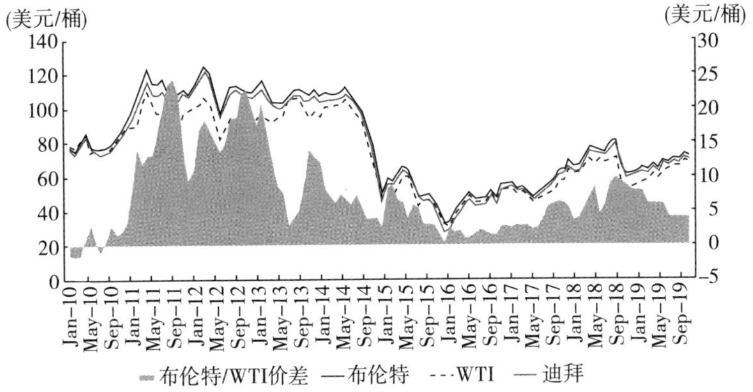

图 10－1　2019 年国际油价走势预测

2019 年全球石油市场将呈现以下几个特点。

(一) 供应侧三方博弈格局常态化

OPEC 凝聚力减弱、内部分歧逐渐扩大，加拿大、巴西、墨西哥等非 OPEC 产油国仍然难以挑战美、俄两国的主导地位，结果是美国、沙特、俄罗斯三个超级产油国脱颖而出，形成了供应侧的三方博弈格局。

综合考虑美国页岩油增产、沙特和俄罗斯牵头达成新一轮减产协议、伊朗核制裁仍将逐步收紧等因素的影响，预计 2019 年供应增幅将收窄至 100 万桶/日，比 2018 年的 180 万桶/日显著减少。

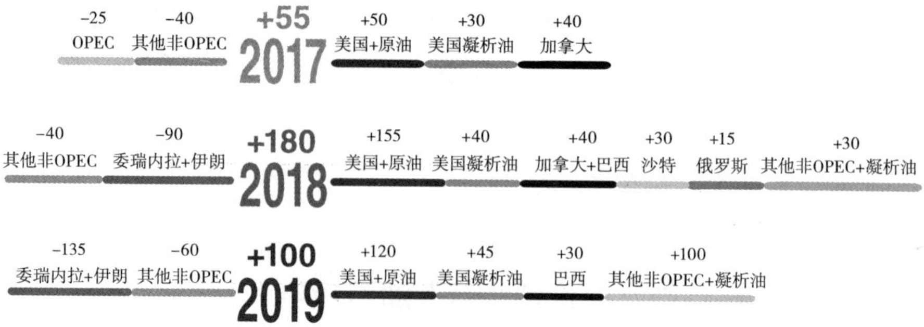

图 10－2　2019 年全球供应变化情况预测

（二）经济趋缓拖累石油需求增长

2019 年全球经济面临多重不确定性，美联储加息、中美贸易摩擦、新兴市场债务危机，都有可能使 GDP 增速低于当前的预期，特别是中国和美国两大经济体，经济增速放缓概率较大，还将会对其他国家产生不可忽视的负面影响，预计 2019 年全球石油需求增幅将收窄至 120 万桶/日，不仅低于过去 5 年 150 万桶/日的平均水平，而且不能排除超预期下降的可能性。

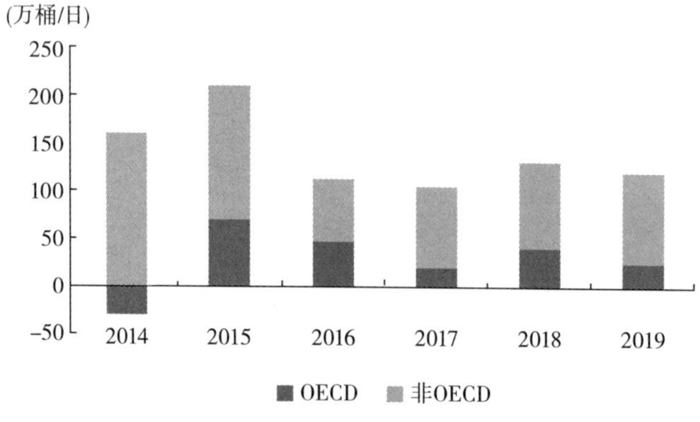

图 10－3　2019 年全球石油需求同比增幅预测

在全球未爆发大规模金融危机、贸易形势不出现严重恶化的情况下，预计中国、美国需求增速略有放缓，中东、独联体和亚太其他国家对全球增量的贡献有望提升。

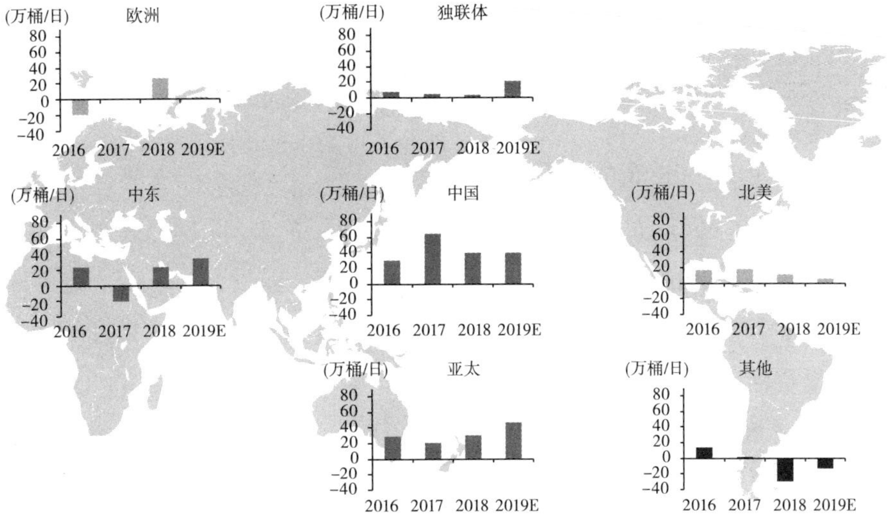

图 10－4　2019 年全球石油需求增量分布

（三）石油市场全年小幅供应过剩 20 万桶/日左右

预计 2019 年石油市场供应小幅过剩 20 万桶/日，略呈宽松状态，但过剩额度比 2018 年有所收窄。

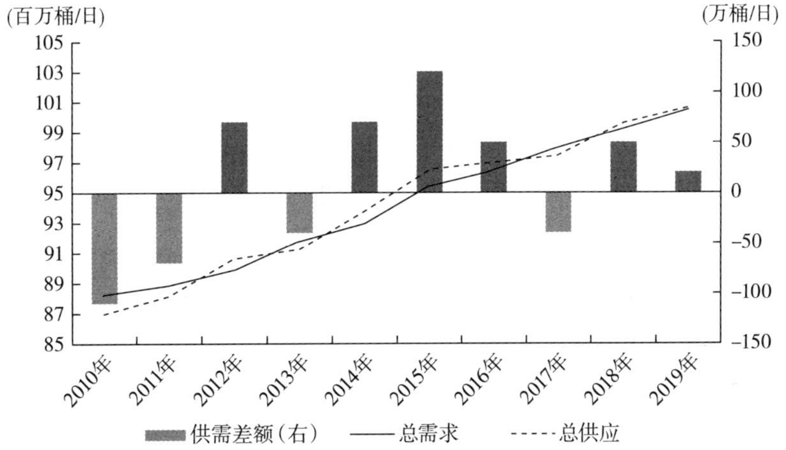

图 10－5　2019 年石油市场供需平衡情况预测

需要特别注意的是，尽管截至 2018 年 12 月 25 日，布伦特原油期货跌至 50.68 美元/桶，较 2018 年高点 84 美元/桶下跌近 40%，但这主要是受美国股市连番暴跌、西方节日假期交投清淡、投资者恐慌情绪蔓延等非基本面因素的影响，在当前时间节点，对于2019年的油价不宜过分悲观。

EIA在11月发布的月报里，认为2019年美国原油产量将同比增长120万桶/日，但这是以2019年WTI均价65美元/桶为前置条件。若WTI一直保持当前45美元/桶的水平，产量增长前景并不乐观。近年来美国原油产量的爆发，页岩油居功至伟，这与美国石油企业积极的勘探开发投资活动是分不开的。页岩油井的产量衰减速度极快，每12个月可以衰减60%～80%，如果WTI长期低于50美元/桶的页岩油平均盈亏平衡点，石油公司会被迫缩减上游开支，届时美国原油产量增幅低于预期，将成为必然。预计2019年1季度末，美国原油产量增速的放缓和“OPEC+”新减产目标的逐步落实，将修复当前石油市场的悲观预期，使油价低位回升。

三、机构预测

表10-1 主要机构布伦特油价预测情况 单位：美元/桶

机构名称	Brent				WTI			
	19Q1	19Q2	19Q3	2019	19Q1	19Q2	19Q3	2019
巴克莱银行	75	71	70	72	68	67	65	65
美国银行	70	74	70	70	64	58	62	59
资本经济公司	67	66	64	65	61	57	56	55
JBC能源	71	69	67	69	65	64	62	63
金融机构平均	71	70	68	69	65	62	61	61
IHS	75	75	73	75	64	64	63	65
FGE	57	62	67	64	51	56	60	57
PIRA	63	66	69	68	55	59	63	62
经研院	58	63	69	65	51	56	64	59

更新时间：2018年12月20日。

第十一章　个税改革对宏观经济的影响

一、个税改革解读

本次个税改革主要包括两个方面：其一就是对个人所得税起征点的变更，从月收入的3500元提升至5000元；其二是超额累进税率等级方面的变更，具体变化如表11－1和表11－2所示。

表11－1　改革前个人所得税征收方法

级数	应纳税所得额		税率（%）	速算扣除数
	含税级距	不含税级距		
1	不超过1500元的部分	不超过1455元的部分	3	0
2	超过1500元至4500元的部分	超过1455元至4155元的部分	10	105
3	超过4500元至9000元的部分	超过4155元至7755元的部分	20	555
4	超过9000元至35000元的部分	超过7755元至27255元的部分	25	1005
5	超过35000元至55000元的部分	超过27255元至41255元的部分	30	2755
6	超过55000元至80000元的部分	超过41255元至57505元的部分	35	5505
7	超过80000元的部分	超过57505元的部分	45	13505

资料来源：公开数据，北大国民经济研究中心整理。

其中，含税级距适用于由纳税人负担税款的工资、薪金所得；不含税级距适用于由他人（单位）代付税款的工资、薪金所得。

表 11-2 改革后个人所得税征收方法

级数	应纳税所得额	税率(%)	速算扣除数
1	不超过 3000 元的部分	3	0
2	超过 3000 元至 12000 元的部分	10	210
3	超过 12000 元至 25000 元的部分	20	1410
4	超过 25000 元至 35000 元的部分	25	2660
5	超过 35000 元至 55000 元的部分	30	4410
6	超过 55000 元至 80000 元的部分	35	7160
7	超过 80000 元的部分	45	15160

资料来源:公开数据,北大国民经济研究中心整理。

对比可以发现,超额累进税率等级发生的变化在级数 1 至 4 之间,即扩大了 3%、10%、20% 三档低税率的级距,缩小 25% 税率的级距,30%、35%、45% 三档较高税率级距不变。

此外,本次个税改革的关键更是确立了新的税制体制,改变了以往的分类计征方式,在混合计征的方式中纳入了“小综合”与“多扣除”,在减轻个人整体税负的同时更好地贯彻公平原则,调节社会分配。如《中华人民共和国个人所得税法修正案》中提及“将工资薪金、劳动报酬、稿酬和特许权使用费等 4 项劳动性收入进行综合征税,居民个人按年合并计算个人所得税,非居民个人按月或者按次分项计算个人所得税”。也即是向综合所得税制迈进,充分体现个税改革的公平性。举例而言,假设个人甲只有每月 10000 元的工资薪金所得,则个税改革前后需要分别纳税 745 元和 290 元;个人乙具有每月 5000 元工资薪金、2000 元租金、2000 元劳务报酬、1000 元稿酬,则个税改革前后需要分别纳税 553 元和 304.8 元。可见,在两人总月收入一致的情况下,改革前个人甲承担的税收明显高于个人乙,但改革后两人纳税额基本接近。由此体现了本次个税改革的公平原则,一定程度上调节了社会分配。具体如表 11-3 所示。

表 11－3　个人所得税各征税内容变更情况汇总

<table>
<tr><th>改革前分类</th><th>改革后分类</th><th>改革前规定</th><th>改革后规定</th></tr>
<tr><td rowspan="4">综合所得</td><td>工资、薪金所得</td><td>适用旧累进税率表</td><td rowspan="4">适用新累进税率表；其中综合所得的计入，劳务、特许按 80% 纳入；稿酬按 56% 纳入；部分经营所得减去费用后纳入</td></tr>
<tr><td>劳务报酬所得</td><td rowspan="3">税率：劳务 20% ~ 40%；稿酬和特许税率分别为 14% 和 20%（应纳税所得额不足 4000 减去 800，高于 4000 按 80% 纳入）</td></tr>
<tr><td>稿酬所得</td></tr>
<tr><td>特许权使用费所得</td></tr>
<tr><td rowspan="2">经营所得</td><td>个体工商户生产、经营所得</td><td rowspan="2">适用旧累进税率表</td><td rowspan="2">适用新累进税率表</td></tr>
<tr><td>企事业单位承包、承租经营所得</td></tr>
<tr><td rowspan="4">其他</td><td>利息、股息、红利所得</td><td>按 20% 征收</td><td rowspan="4">未变</td></tr>
<tr><td>财产租赁所得</td><td>按 20% 征收（应纳税所得额不足 4000 减去 800，高于 4000 按 80% 纳入）</td></tr>
<tr><td>财产转让所得</td><td>按 20% 征收</td></tr>
<tr><td>偶然所得</td><td>按 20% 征收</td></tr>
</table>

资料来源：公开数据，北大国民经济研究中心整理。

与此同时，个税改革增加设立了专项附加扣除（表 11－4），包括子女教育、继续教育、大病医疗、住房贷款利息、住房租金以及赡养老人等支出。因此，可能出现实际收入高的个人最后上交的个税反而小于实际收入低的个人。例如，对于实际收入较高的个人，其正好存在较高的专项附加扣除成本，那么最终可能出现应纳税额低于起征点；而对于实际收入较低但高于起征点的个人，若其没有专项附加扣除成本，那么最后的应纳税额可能仍高于起征点。

表 11－4　个人所得税专项扣除暂行办法

专项扣除	扣除金额（年）	相关要求
子女教育	12000 元（每月 1000 元）/位	1. 年满 3 岁至博士研究生教育均可 2. 父母可每人各扣除 50%，或者一方全部承担 3. 子女在中国境外接受教育需留存相关教育的证明资料
继续教育	4800 元（每月 400 元）学历继续教育； 3600 元（取得相关证书当年定额扣除）专业技能职业资格等	1. 同一学历（学位）继续教育的扣除期限不能超过 48 个月 2. 接受本科及以下学历（学位）继续教育可以由本人抵扣，或者由父母作为“子女教育”项抵扣，二选一 3. 专业技能职业资格等需证书
大病医疗	15000 ~ 80000 元（在办理年度汇算清缴时据实扣除）	1. 扣除金额为医疗费用支出减去医保报销后个人负担的部分 2. 可以选择由本人或者其配偶扣除；未成年子女发生的医药费用支出可以选择由其父母一方扣除
赡养老人	24000 元（每月 2000 元）	1. 赡养人应为年满 60 岁的父母以及子女均已去世的年满 60 岁的祖父母、外祖父母 2. 纳税人为独生子女可单独全部扣除，非独生子女可以相互约定采取其他分摊方式，但每人分摊的额度不能超过每月 1000 元
住房贷款利息	12000 元（每月 1000 元）	1. 仅首套（若夫妻双方婚前分别购买住房发生的首套住房贷款，婚后可以选择其中一套享受利息扣除） 2. 可以由夫妻其中一方扣除 3. 扣除期限最长不超过 240 个月
住房租金	18000 元（每月 1500 元），承租房位于直辖市、省会城市、计划单列市以及国务院确定的其他城市； 13200 元（每月 1100 元），承租房位于市辖区户籍人口超过 100 万的； 9600 元（每月 800 元），承租房位于市辖区户籍人口小于 100 万的	1. 夫妻工作城市相同，只能由一方扣除 2. 夫妻工作城市不同可以单独扣除 3. 要求主要工作城市都没有住房 4. 住房租金支出由签订租赁住房合同的承租人扣除 5. 与住房贷款利息扣除不能同时享受

资料来源：公开数据，北大国民经济研究中心整理。

因此，从税收制度角度看，中国的个人所得税改革进入了一个新的阶段。

二、个税改革对居民收入的影响

（一）个税改革对工资、薪金所得的影响

依据个税改革的细则，将原先的个税起征点由3500元上升至5000元，同时不同收入阶段的累进税率做了调整。那么，通过收入列举法计算新应纳税额、每月少交税额以及减税比例表明，这两方面的改革对不同收入阶层居民影响存在明显的差异，具体如图11－1所示：

首先，从中低收入群体的改革前后变化可以发现，减税幅度比较明显，月收入在1万元以下的城镇居民实现了60%以上的减税力度。若以2017年全国城镇居民平均工资为基准来看，低于该平均工资的城镇居民减税幅度更是达到了75%以上。然后，从中高收入群体的改革前后变化来看，在月收入从1.6万元至8.5万元，减税幅度维持在60%至10%之间，而且一旦月收入超过8.5万元，则每月少交个人所得税稳定在2330元不变，减税比例则维持在8%左右。

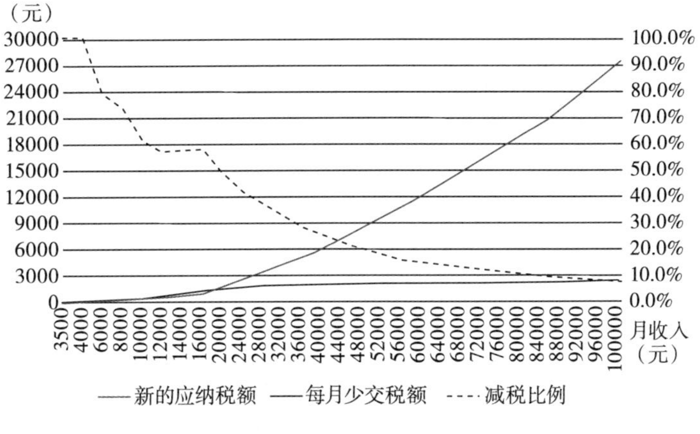

图11－1　个税改革前后纳税情况

资料来源：北大国民经济研究中心计算。

(二) 个税改革对其他所得的影响

由于个税改革将劳务报酬所得、稿酬所得以及特许权使用费所得纳入综合所得，所以这次改革对这三大类所得具有明显的影响。首先，按照个税改革前的征税规则（如图 11－2 所示），随着该类收入的增加，劳务报酬、稿酬、特许权使用费会出现对应的纳税拐点，如当稿酬单笔大于4000 元时，税率稳定在11.2%；当特许权使用费单笔大于4000 元时，税率稳定在16%。而对劳务报酬来说，单笔收入在4000 元到2.5万之间，税率稳定在16%；单笔收入大于2.5 万时，税率逐步增加，在收入额为6.25 万时存在一个拐点，税率增速有所提升，但是当劳务报酬继续增加时，税率将无限接近于32%。换言之，在个税改革前劳务报酬的税率不会超过32%。稿酬和特许权使用费纳税比例最终分别稳定在11.2%和16.0%，而劳务报酬纳税比例则会继续扩大，其中0.4万、2.5 万、6.2 万等分别是纳税比例变化的拐点。

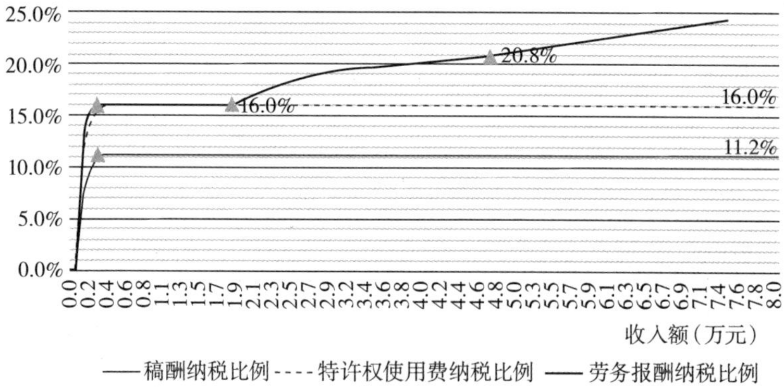

图 11－2　个税改革前劳务报酬、稿酬以及特许权使用费所得税率

资料来源：北大国民经济研究中心计算。

但是，个税改革将劳务报酬、稿酬、特许权使用费所得纳入综合所得后，部分高收入群体的纳税额与之前相比有了明显的增加，而对大部分低收入群体来说，对综合所得进行统一征税大大降低了其应纳税额。劳务报酬、稿酬、特许权使用费纳入综合所得适用统一税率，且由单次计入（其中劳务报酬所得为月累积）变为年累积计入。具体来看，对综合所得较低的收入群体来说，其劳务报酬、稿酬、特许权使用费适用的税率将显著降低，而对综合所得较高的收入群体来说，其他所得适用的税率将显著提升。

例如，假设某个人一年综合所得为 10 万元（工资、薪金所得和其他所得各占 5 万元），若其他所得均为稿酬，按其 56% 计入应纳税所得额（2. 8 万元）对应的税率为 3% ，即稿酬的总体税率为 1. 68% ，远低于个税改革前的 11. 2% ；若其他所得均为劳务报酬，按其 80% 计入应纳税所得额（4 万元）对应的税率为 3% ，即劳务报酬的总体税率为 2. 4% ，也远低于个税改革前的 16% （分摊到每月对应的比例）。假设某个人一年综合所得为 150 万元（工资、薪金所得和其他所得各占 75 万元），若其他所得均为稿酬，按其 56% 计入应纳税所得额（42 万元）对应的税率为 45% ，即稿酬的总体税率为 25. 2% ，远高于个税改革前的 11. 2% ；若其他所得均为劳务报酬，按其 80% 计入应纳税所得额（60 万元）对应的税率为 45% ，即劳务报酬的总体税率为 36% ，也远高于个税改革前的 20. 8% （分摊到每月对应的比例）。

另外，如果高收入群体主要收入来源是劳务报酬、稿酬或特许权使用费，那么个税改革后其应纳税额增加更为显著。如图 11 – 3 所示，以 250 万元年收入为例（其中工资、薪酬所得已减去 6 万元以及各类专项扣除），当劳务报酬、稿酬、特许权使用费占收入比重不同时，其增税额也存在较大差别。整体来看，当稿酬、特许权和劳务收入占比不断提高时，改革后个人纳税额呈上升趋势。稿酬和特许权使用费占收入比重为 90% 时增税额达到最高点，而劳务报酬较为特殊，在收入占比为 60% 时增税额达到最大值，主要原因是在个税改革前高劳务报酬对应的税率也很高。

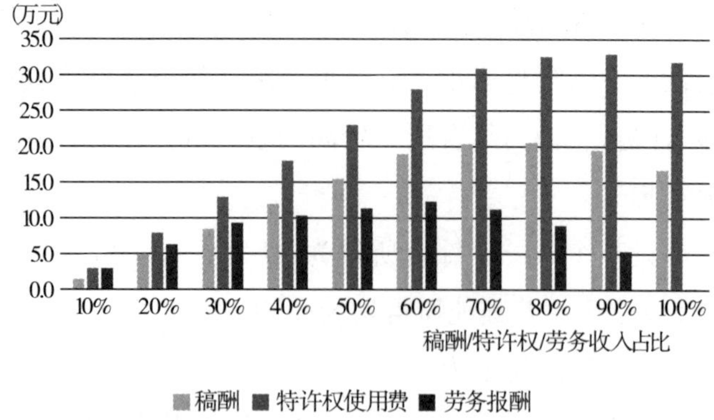

图 11－3　稿酬/特许权使用费/劳务报酬占收入不同比例的增税额

资料来源：北大国民经济研究中心计算。

三、个税改革对宏观经济的影响

为了研究个税改革对整体宏观经济的影响，关键是确定适用于中国的收入分布曲线，将中国不同收入阶段的就业人数描绘出来，然后参照个税改革前后的纳税制度计算总体个人所得税的变化程度，之后主要是测算出个税变化对国内整体消费的影响，最终则延展至对国内 GDP 的影响。

关于中国收入分布曲线，已有不少学者采用了不同分布函数进行了拟合，例如，王海港（2006）利用帕累托分布拟合了中国 1988 年和 1995 年的居民收入；毛亮（2009）等采用伽马分布拟合了中国城镇家庭 2005 年至 2007 年的工薪收入；王增文（2009）拟合中国农村居民收入分布函数发现对数正态分布的拟合结果较好；段景辉和陈建宝（2010）研究结果表明中国各地区城乡人均收入的对数服从由帕累托分布、正态分布和指数分布构成的混合分布；胡志军等（2011）[①] 采用不同分布函数拟合中国城乡居民的收入分布，结果发现 B2（the beta dis-

① 胡志军，刘宗民，龚志民．中国总体收入基尼系数的估计：1985—2008［J］．经济学（季刊），2011（4）：1423－1436.

tribution of the second kind）的拟合效果最好；胡志军（2011）[①] 采用1985 年至 2009 年的中国城镇居民收入数据拟合各类分布函数，发现GB2（the generalized beta distribution of the second kind）优于 B2，是拟合中国居民收入分布最好的分布函数，同时也得到了陈建东等（2017）[②] 的验证。鉴于此，本研究借用陈建东等（2017）拟合的 GB2分布作为当前中国城镇单位就业人员的收入分布函数。

但是，考虑到陈建东等（2017）拟合 GB2 分布采用的数据是国家统计局提供的 2011 年中国城镇单位就业人员分组收入数据，但也是当前可以获取的最新分组收入数据（后期统计局没有再更新此类数据），所以本研究并没有重新获取数据并重新进行参数估计，而是在假定全国收入分布不变的前提下，对分布曲线的社会整体平均工资进行了调整，使得调整后的分布曲线整体均值等同于统计局公布的 2017 年社会城镇单位就业人员平均工资，即 74318 元。同时，根据统计局公布的 2017年城镇单位就业人员工资总额为 129889.1 亿元，计算得出 2017 年城镇单位就业人员数为 17477 万人。因此，由图 11－4 给出当前中国的城镇居民收入分布曲线。

首先，根据图 11－4 显示的收入分布图和累计分布曲线探究个税改革对纳税群体变动的情况，可以发现，年收入为 6 万元的就业人数占比38%，即意味着个税改革后个人所得税纳税额为零的城镇就业人员占总就业人数的 37.71%。然而，在个税改革前，只有年收入 4.2 万元以内免征个人所得税，且其占比仅为 11.39%。由此可见，本次个人所得税改革使得免征个人所得税的城镇就业人员比例扩大了 26.32 个百分点。除此之外，个税改革还包含了累进税率的变动，根据收入分布图和累计分布曲线计算个税改革前后对应税率纳税人数可以发现（表 11－5 和

① 胡志军．基于分组数据的基尼系数估计与社会福利：1985—2009 年[J]．数量经济技术经济研究，2012(9)：111－121.

② 陈建东，程树磊，蒲明．如何准确地拟合居民的收入分布[J]．北京工商大学学报，2017(3)：10－20.

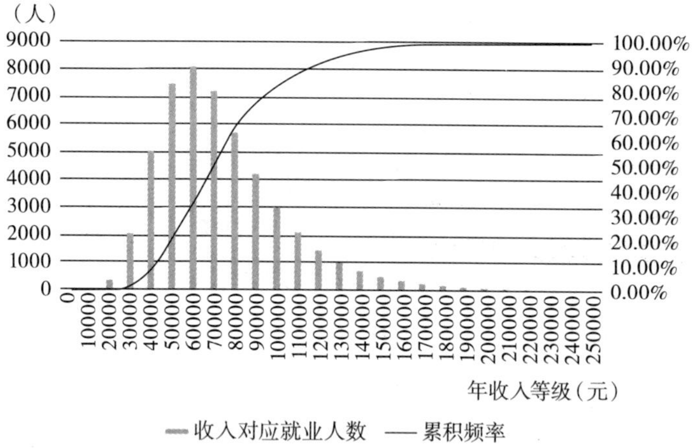

图 11－4　中国城镇单位就业人员年收入分布图及其累计分布曲线

资料来源：北大国民经济研究中心计算。

图 11－5)，本次个税改革扩大了免税和 3% 税率的就业人员，扩大比例分别是 26. 32% 和 16. 32%，占城镇单位就业总人数由 37. 71% 上升至 80. 35%。而相应减少的则是纳税比率为 10%、20% 和 25% 的就业人员，对应人数占比分别减少了 23. 77%、15. 64% 和 3. 23%。由此可见，本次个税改革主要受惠于原先纳税比率在 20% 以下的就业群体。

表 11－5　个税改革前后纳税人数占比变化

级数	税率（%）	改革前人数占比（%）	改革后人数占比（%）
1	0	11. 39	37. 71
2	3	26. 32	42. 64
3	10	42. 64	18. 87
4	20	16. 35	0. 71
5	25	3. 26	0. 0305
6	30	0. 0091	0. 0073
7	35	0. 0009	0. 0008
8	45	0. 0002	0. 0001

资料来源：北大国民经济研究中心计算。

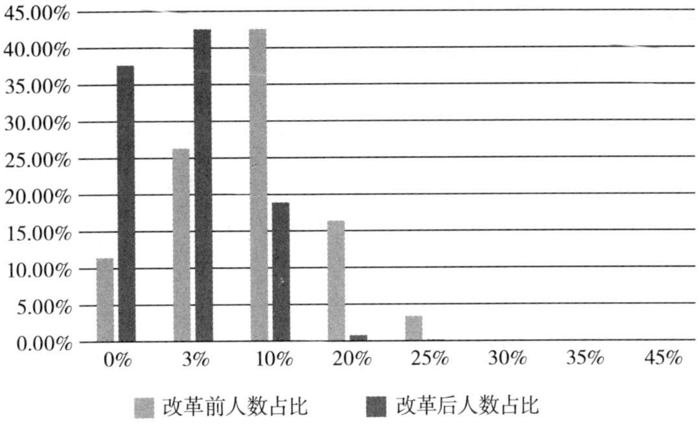

图 11－5　个税改革前后各税率对应纳税人数占比变化

资料来源：北大国民经济研究中心计算。

然后，根据图 11－4 显示的收入分布图和累计分布曲线探究个税改革对各收入阶段城镇就业人数的总体情况。通过数据计算表明（表 11－6 所示），年收入区间在 6 万至 9 万元的城镇就业人数占比最大，达到了 38.1%，其次是年收入区间在 4 万至 6 万元的城镇就业人数，占比 28.4%。此外，可以进一步发现，年收入低于 9 万元的城镇就业人数占比高达 75.8%，即约 3/4 的城镇就业人数年收入低于 9 万元。

表 11－6　各收入区间城镇单位就业人数及占比

年收入区间	对应城镇职工就业人数（万人）	占全部城镇职工就业人数比重（%）
4 万元以下	1620	9.3
4 万～6 万元	4971	28.4
6 万～9 万元	6657	38.1
9 万－12 万元	2729	15.6
12 万－15 万元	926	5.3
15 万－18 万元	329	1.9
18 万元以上	245	1.4

资料来源：北大国民经济研究中心计算。

之后，根据图 11－4 显示的收入分布图和累计分布曲线探究个税改革对各收入阶段城镇就业人员纳税额的变化情况。通过数据计算表明

(如图 11 -6 所示),年收入在 9 万至 12 万元的城镇就业人员是纳税大军,纳税总额 485.6 亿元,占总城镇单位就业人数的 15.61%,其次是 12 万至 15 万元的城镇就业人员,纳税总额 439.5 亿元,占总城镇单位就业人数的 5.3%。值得注意的是,个税改革前年收入在 6 万至 9 万元的城镇就业人员是第二大纳税群体,但个税改革后,列为第三大纳税群体了。可见此次个税改革对该收入区间的受惠较大。此外,通过对比个税改革前后各收入阶段的纳税数额,发现整体减税比重随着年收入的增加而下降。其中,4 万至 6 万元的减税比重最大,主要是受益于个税起征点的提高。年收入在 18 万元以下的城镇居民可以实现 50% 以上的减税比重。因此,从整体来看,对于中低收入就业人员而言,个税改革的减税力度显著,况且这还未考虑专项税扣除的情况。

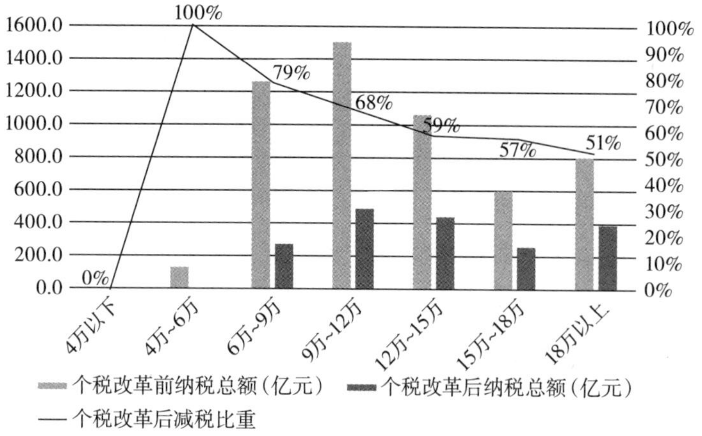

图 11 -6 个税改革前后各收入阶段城镇就业人员纳税额变化情况

资料来源:北大国民经济研究中心计算。

最后,利用拟合的收入分布函数采用 2017 年的收入和就业数据计算个税改革后城镇单位就业人员总体减税额约为 3517 亿元,具体如图11 -7 所示。从图 11 -7 可以发现,年收入在 9 万至 12 万元的就业群体减税效果最大,达到了 1020.9 亿元的减税额度,占总减税额的 29%;其次是年收入在 6 万至 9 万元的就业群体,减税额度达到了 990.4 亿元,占总减税额的28%。从而进一步表明此次减税主要惠及年收入在9万至15万元的就业群体。

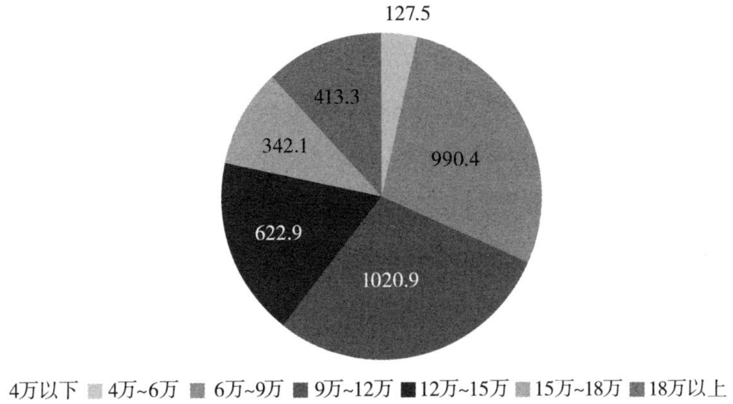

图11－7　个税改革后不同年收入阶段个人所得税减免金额

资料来源：北大国民经济研究中心计算。

那么，本次个税改革所释放的税收减免必然会引起消费的扩张，进而带动国内GDP的增长。借鉴杨旭等（2014）研究结论，即分层次边际消费倾向的估计值（表11－7），根据图11－4的累积分布曲线和图11－7减税额可以估算出本次个税改革可以带动消费扩张2236亿元，若考虑支出乘数，则通过取各层次边际消费倾向的均值计算得到消费乘数为3.21，那么最终可以扩大消费支出7176亿元。若以2017年的GDP（82.71万亿元）为例，则本次个税改革可以拉动中国GDP0.87个百分点。

表11－7　分层次边际消费倾向估计值

收入分组	最低收入（10%）	低收入（10%）	中等偏下（20%）	中等收入（20%）	中等偏上（20%）	高收入（10%）	最高收入（10%）
回归估计值	0.85758	0.71227	0.69445	0.68046	0.64047	0.64769	0.58728

资料来源：杨旭，郝翌，于戴圣．收入差异对总体消费的影响——一个数值模拟研究［J］．数量经济技术经济研究，2014（3）：20－37.

第十二章　人口负增长及其对经济的影响

2016 年实行全面二孩政策后，2017 年不但没有如预期那样多出生 343 万人，反而减少 63 万人（减少 3.5%）；2018 年不但没有如预期一样多出生 79 万人，全国活产数反而少了 200 万人（减少 11.6%）。抽样调查显示 2015 年、2016 年的生育率只有 1.05、1.24，2018 年的出生数只是 2016 年的 83%，根据育龄妇女结构推算，2018 年的生育率只有 1.05 左右（低于 1.1 是大概率，甚至可能跌破 1.0），远低于官方 2012 年预测的 4.4、2015 年预测的 2.1。采纳 2015 年的抽样调查的年龄结构（官方）和联合国预测的中国死亡模式（与官方预期寿命一致），2018 年的生育率为 1.05，那么出生 1031 万人，死亡 1158 万人，负增长 127 万人。根据矫正后的人口结构和滞后中国台湾 17 年的死亡模式估算可知，2018 年的生育率为 1.05，那么出生 941 万人，死亡 971 万人，负增长 30 万人。清朝中期的 1790 年，中国人口突破 3 亿人，出生超过 1000 万人，也就是说 2018 年的出生人数是清朝中期以来最少的。

一、单独二孩政策遇冷

1960 年中国在部分地区试行“晚、稀、少”的计划生育政策，1973 年在全国展开。1980 年推行独生子女政策。人口普查显示，总和生育率（妇女人均生孩子数）从 1973 年的 4.54 快速降至 1990 年的 2.3、2000 年的 1.22、2010 年的 1.18。

1990 年以后，中国的生育率已低于更替水平，那时就应考虑停止计划生育。第五次人口普查得到的 2000 年生育率仅为 1.22，第六次人口普查得到的 2010 年生育率仅为 1.18，但是，决策部门和主流人口学家却不相信生育率会如此之低，他们一次次将 1.2 左右的生育率修改为 1.8。比如国家人口发展战略组在 2006 年判断“20 世纪 90 年代中后期，总和生育率已降到 1.8 左右，并稳定至今”，并预测继续实行独生子女政策，总人口将于 2015 年超过 14 亿人（国家统计局公布 2015 年只有 13.75 亿人），到 2033 年前后达到 15 亿人，建议坚持计划生育不动摇。

习近平总书记认为人口是创造奇迹的“巨大力量”，认识到“主要经济体先后进入老龄化社会，人口增长率下降，给各国经济社会带来压力”，而“中国是世界上人口老龄化程度比较高的国家之一，老年人口数量最多，老龄化速度最快，应对人口老龄化任务最重”。习近平明确指示，“完善生育、就业、养老等重大政策和制度，做到及时应对、科学应对、综合应对”。于是中共十八大之后，中央果断决定调整人口政策。

依照这种执政理念，人口政策调整幅度原本可以更大。2014 年之所以只实行单独二孩政策，是因为蔡昉等在《人口形势的变化和人口政策的调整》中预测，如果全面放开二孩，生育率将反弹到 4.4，每年将出生 4700 万人，峰值人口将达 15.35 亿人；即便实行单独二孩政策，生育率也将反弹到 2.4。中国人口学会会长翟振武也预测，如果全面二孩，年出生人口将达到 4995 万人，生育率将达到 4.5。十八届三中全会决定先实行单独二孩。当时国家卫计委预测，每年会多出生 200 万人，生育率将反弹到 1.8 以上。

2015 年是单独二孩出生高峰年，《统计年鉴》《卫生统计年鉴》分别显示，不但没有多生 200 多万人，反而少生了 32 万人、64 万人；“小普查”证实生育率只有 1.05，而不是 1.8，更不是 2.4。

二、全面二孩政策也遇冷

2015 年国家卫计委组织了由翟振武牵头的专家组，进行反复测算，国家卫计委主任、副主任“多次主持专题研讨会，充分听取专家意见”，最终完成了由国家卫计委副主任王培安担任主编的《实施全面两孩政策人口变动测算研究》。他们预测2016年实行全面二孩政策后，2016年、2017年、2018年的生育率将分别为1.63、1.97、2.09，出生人数分别为1767万、2110万、2189万（2017年会比2016年多出生343万人，2018年比2017年多出生79万人）；2030年总人口将达14.50亿人；2050年生育率还有1.72。

采信他们的预测，于是十八届五中全会决定实行全面二孩政策。2016年1月1日政策落实，9个月的怀孕期之后迎来了出生高峰。

国家统计局每年都在《中国统计年鉴》上公布上年的年度人口抽样调查的生育率。但是2016年的生育率远低于预期，《中国统计年鉴—2017》临时删除了2016年生育率表。几个月后《中国人口和就业统计年鉴2017》公布了2016年的年度人口抽样调查，总和生育率只有1.24，根本没有国家卫计委所宣称的“1.7以上”。

2017年是全面二孩的出生高峰年，但是《统计公报》公布出生人数不但没有增加343万，反而减少了63万。由于生育率远低于预期，《中国统计年鉴2018》再次没有公布生育率表。

2016年10月11日，中央深改组会议通过了《关于深化统计管理体制改革提高统计数据真实性的意见》，2017年8月1日正式施行《中华人民共和国统计法实施条例》，都提出要确保统计资料真实准确、完整及时，要严惩统计造假，但是2017年、2018年的《统计年鉴》没有依过去几十年的惯例公布上年的生育率。

到目前为止，《中国人口和就业统计年鉴2018》还没有出版，因此还无法知道2017年的真实生育率。由于2017年出生人数减少了3.5%，我们将2016年抽样调查的育龄妇女结构平移，推算2017年的生育率只有1.2左右，而不是预期的1.97。

根据国家统计局的数据，2018年不但没有多出生79万人，反而少生了 200 万人。由于出生同比减少了 11.6%，我们推算 2018 年的生育率只有大约 1.05，只是国家卫计委 2015 年所预测的 2.09 的一半，只是蔡昉、翟振武当年所预测的 4.4、4.5 的 1/4。

2018 年的生育率低于 1.1 是大概率事件，甚至可能跌破 1.0。当然最终结果还有待一年多之后才会发布的《中国人口和就业统计年鉴 2019》来验证。

间接数据也佐证了中国目前的总和生育率确实很低。中国所有人都可以生一个孩子，一孩次生育率与生育政策没有直接关系，而是与社会发展水平、养育环境相关，是生育环境的晴雨表。一孩次生育率是与总和生育率平行变化，二者的相关系数高达 0.95。2015 年中国台湾、中国香港、新加坡、韩国的一孩次生育率分别为 0.60、0.65、0.60、0.63，总和生育率分别为 1.18、1.20、1.24、1.24。中国大陆 2015 年的一孩次生育率只有 0.56，说明生育环境极为恶劣，即便停止计划生育，总和生育率也只能达到 1.1，那么在全面二孩政策下，2018 的总生育率为 1.05 左右也是合理的。

1992—2010 年，日本的总和生育率只是理想子女数的 51%～57%，比如 2005 年理想子女数是 2.11 个，但是实际生育率只有 1.26。近年中国台湾的理想子女数还在 2 个以上，但是实际生育率只有 1.1 左右。多项调查显示，中国大陆目前平均每个家庭只想要 1.6～1.9 个孩子，那么在全面二孩政策下，2018 的总生育率为 1.05 左右不令人意外。

2005—2017 年，中国台湾、中国香港、中国澳门、新加坡、韩国的平均生育率分别只有 1.10、1.12、1.08、1.23、1.19。而中国大陆除了与这些中华文化圈地区的共同原因外，还因为计划生育改变了人们的生育观念，并且社会、经济、教育模式也都是围绕主流家庭只有一个孩子而进行的，并将惯性延续。

东北的生育率下降领先全国，2000 年、2010 年、2015 年分别只有 0.90、0.75、0.56（意味着下一代人只是上一代人的 1/4）。中国的理想子女数和一孩次生育率都是全球最低，意味着即便停止计划生育，如果不采取有效措施，生育率在短期内会波动在1.0左右，长期则将沿着东北的老路继续下降。

三、2018年，中国人口开始负增长

本文的世界其他国家的人口采纳联合国《世界人口展望—2017年》中、低方案平均（比较符合事实）。

中国人口采纳两套基础人口结构和两套死亡模式。第一套人口结构是采纳官方认可的2015年小普查的年龄结构数据，人口总数是与统计局公布的一致，2017年总人口为13.90亿，占世界的18.5%，65+岁老人比例为11.3%。

第一套死亡模式是采纳联合国《世界人口展望—2015》中的中国模式（与中国官方公布的预期寿命一致）。中国台湾地区的社会发展水平超前中国大陆20多年，预期寿命超前中国大陆17年。第二套死亡模式是采纳中国台湾地区的数据，假设大陆的预期寿命和年龄别死亡率滞后中国台湾17年。

在第一套（官方）人口结构下，采纳联合国的中国死亡模式，2018年的生育率为1.05，那么出生1031万人，死亡1158万人，负增长127万人。如果今后的生育率稳定在1.05，那么2050年、2100年总人口分别降至11.36亿、4.63亿，占世界人口比例分别降至12.5%、5.2%，65+岁老人比例分别增至31.8%、48.6%。如果2018年的生育率为1.1，那么出生1080万人，死亡1158万人，负增长78万人。

在第一套（官方）人口结构下，采纳滞后中国台湾地区17年的死亡模式，2018年的生育率为1.05，那么出生1031万人，死亡1081万人，负增长51万人。如果今后的生育率稳定在1.05，那么2050年、2100年总人口分别降至11.50亿、4.54亿，占世界人口比例分别降至12.6%、5.1%，65+岁老人比例分别增至33.5%、47.7%。即便2018

年的生育率为 1.1，那么出生 1080 万人，死亡 1082 万人，人口也在 2018 年开始负增长（2 万人）。

在第二套（缩水）人口结构下，采纳联合国的中国死亡模式，2018 年的生育率为 1.05，那么出生 941 万人，死亡 1038 万人，负增长 97 万人。如果今后的生育率稳定在 1.05，那么 2050 年、2100 年总人口分别降至 10.42 亿、4.02 亿，占世界人口比例分别降至 11.6%、4.6%，65+岁老人比例分别增至 33.6%、48.8%。如果 2018 年的生育率为 1.1，那么出生 985 万人，死亡 1038 万人，负增长 53 万人。

在第二套（缩水）人口结构下，采纳滞后中国台湾 17 年的死亡模式，2018 年的生育率为 1.05，那么出生 941 万人，死亡 971 万人，负增长 30 万人。如果今后的生育率稳定在 1.05，那么 2050 年、2100 年总人口分别降至 10.55 亿、3.94 亿，占世界人口比例分别降至 11.7%、4.5%，65+岁老人比例分别增至 35.4%、48.0%。如果 2018 年的生育率为 1.1，那么出生 985 万人，死亡 971 万人，负增长 14 万人，到 2019 年人口开始负增长。

中国人口在乾隆五十五年（1790 年）突破 3 亿，1949 年增至 5.4 亿。1949 年的生育率（妇女人均生孩子）6.0 以上，出生率为 36‰，出生约 1930 万人。1950 年之前，属于传统农业社会，生育率长期维持在 6.0 以上，出生率应该与 1949 年类似，那么清朝中期的 1790 年，出生人口就已经突破了 1000 万。2018 年生育率只有 1.05 左右，只出生 940 万～1030 万人，只是 1949 年的一半，这是清朝中期以来最低的出生人数。

可见，2018 年是中国人口的历史性拐点，中国人口从此开始负增长，人口结构也快速老化，经济活力也将不断减弱，地缘政治、经济格局将发生历史性改变。

所以建议立即停止计划生育；成立国家人口安全委员会，统筹制定反危机措施；成立国家人口智库体系，科学制定休养生息的政策。

四、从人口结构看2019年全国和各省的经济增长

(一)日本经济从如“日”中天到“日”薄西山

中位年龄是将全体人口按年龄大小排列,位于中点的那个人的年龄。1947年日本的中位年龄只有22岁,而美国则分别为30岁。青年日本追赶中年美国,1947—1973年日本的GDP年均增长9.0%,美国年均只增长3.9%。1974—1991年日本年均增长4.0%,仍比美国的2.8%要高。

日本在1990年前后,劳动力接近顶峰(中国前些年也一样),经济如“日”中天,1989年索尼买下了美国文化标志哥伦比亚公司,三菱买下了美国地标性建筑群洛克菲勒中心。无论是政界、学界还是民众都对未来经济持乐观态度。

但是1992年日本经济开始“日”薄西山。很多经济学家为日本的衰退找各种各样的理由,认为是经济政策失误,是周期性的。但哪有20多年还走不出来的周期?有人将日本的衰退归罪于1985年的“广场协议”;但“广场协议”本身并不足以导致日本经济持续萧条,事实上日本GDP在1980—1985年(协议签署前的6年)年均增长3.9%,在1985—1991年(协议签署后的6年)年均增长4.7%。

其实日本是无“人”为力了。日本的生育率(妇女人均生孩子数)在1951年开始低于美国,在1974年开始低于更替水平2.1,在1993年开始低于1.5,1951—2017年日本平均只有1.77,美国是2.33。日本人口快速老化,中位年龄、老龄化指数、65+岁老人比例、老年抚养比分别在1967年、1988年、1992年、1993年开始超过美国,经济增速也在1992年开始低于美国,也开始低于世界平均水平。2017年日本的中位年龄48岁,美国38岁;日本的65+老人比例为28.0%,美国只有15.6%。1992—2017年日本经济年均只增长0.9%,而美国则增长2.5%。从1994年到2017年,日本的经济占全球比例从17.7%降到

6.0%，日本的经济相当于美国的比例从67%降到25%。

日本1992年爆发的经济危机，本质是人口危机。劳动力是驱动经济的动力，老年化则是阻力。年轻劳动力减少导致制造业补员不足，日本从事工业的劳动力从1992年的2289万人减少到2017年的1701万人，并且结构老化，生产和创新能力都下降，从而使得制造业出口占全球比例从1993年的12.5%下降到2017年的5.2%，全球500强企业中的日企从1992年的149家减少到2018年的52家。

老人增加会导致储蓄率下降和投资来源减少，劳动力减少则会导致投资回报率下降，这样投资率也必然降低。日本的储蓄率、投资率分别从1991年的35.7%、34.2%降至2016年的24.5%、23.6%。

年轻劳动力减少导致经济减速和财政收入减少，老人增加使得医疗、社保等开销增加，从而增加政府债务，然后通过税收增加企业和家庭的负担。比如日本用于医疗的公共支出占GDP比例从1990年的4.4%增加到2014年的8.6%，用于退休金的公共支出占GDP的比例从1991年的4.9%增加到2013年的10.2%，政府债务占GDP比例从1991年的63%提高到2016年的236%。日本政府为了鼓励生育，只好在2014年将消费税率从5%提高至8%，2019年再提高到10%；但是提高税率，会降低经济活力和养育能力。

2030年、2050年日本的中位年龄将高达52岁、55岁，美国则只有40岁、44岁；日本的65+岁老人比例将高达31%、38%，美国只有21%、23%。从人口结构判断，今后日本经济将“日”暮途穷。

（二）年龄结构与经济增长率

人口（生产、消费、创新）是影响经济发展的决定性因素。由于一个经济体中年轻人越多，创新活力就越强，所以中位年龄实际上反映了一个经济的创新活力，影响着经济的技术进步率，从而影响了经济的潜在增长率。老龄化指数是指100个儿童（0~14岁）对应的老人（65岁及以上）数，数字越高说明老龄化越严重。

比较日本（1951—2017 年）、韩国（1961—2017 年）、中国台湾（1961—2017 年）的人口结构和经济增长率，发现随着中位年龄、60 + 岁老人比例、老龄化指数的提高，经济增长率直线下降，呈强相关。欧洲各国也是如此。

由于本研究要比较中国大陆各省 2016—2018 年、2019 年的人口结构和 GDP 增长率，因此截取日本、中国台湾、韩国的年龄结构与中国大陆2016—2019 年各省类似的年份的数据。比如 2016—2018 年西藏的中位年龄为 31. 6 岁，而 2019 年辽宁却高达 46. 2 岁，其他各省介入此间。日本 1979 年、2014 年的中位年龄分别为 31. 9 岁、46. 4 岁，中国台湾 1999 年、2017 年分别为 31. 6 岁、41. 0 岁，韩国 1999 年、2017 年分别为 31. 6 岁、41. 8 岁，那么截取日本 1979—2014 年、中国台湾和韩国1999—2017 年的中位年龄和 GDP 增长率数据，合并为“三地区”，中位年龄和 GDP 增长率的相关性公式为：$y = -0.4143x + 18.977$，其中 x 是中位年龄，y 是 GDP 增长率。见图 12 - 1。

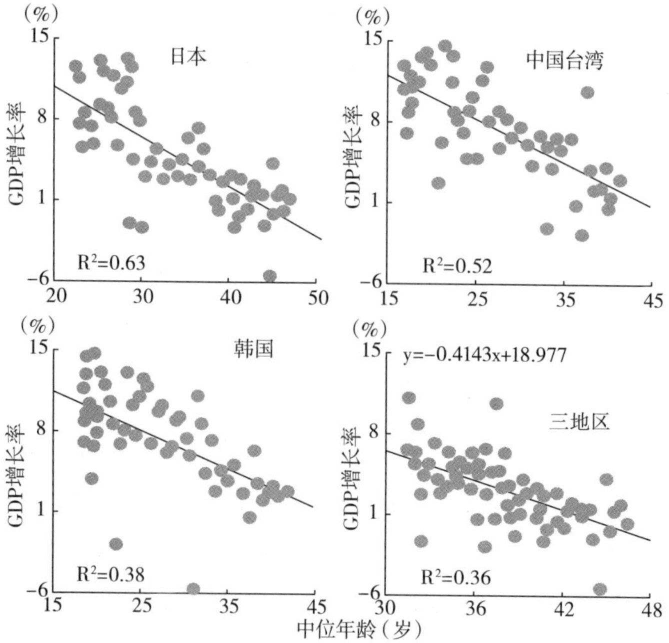

图 12 - 1　日本、中国台湾、韩国的中位年龄与 GDP 增长率

同样，也截取日本、中国台湾、韩国的 60 + 岁老人比例、老龄化指数与中国大陆 2016—2019 年各省类似的年份的数据，合并为“三地区”。见图 12 – 2、图 12 – 3。

中国大陆由于实行了财政转移支付、养老金全国调剂、区域振兴政策，降低了老龄化对区域 GDP 增长率的影响，但是 2016—2018 年的中国 31 个省市的中位年龄、60 + 岁老人比例、老龄化指数仍然与这三年的平均 GDP 增长率（2018 年是前三季度的数据）呈中等程度的相关。详见图 12 – 4。

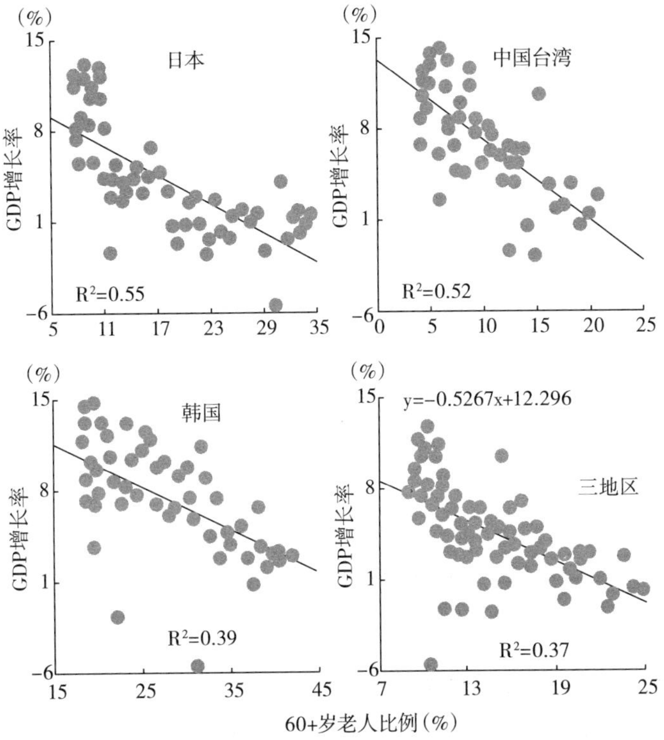

图 12 – 2　日本、中国台湾、韩国的 60 + 老人比例与 GDP 增长率

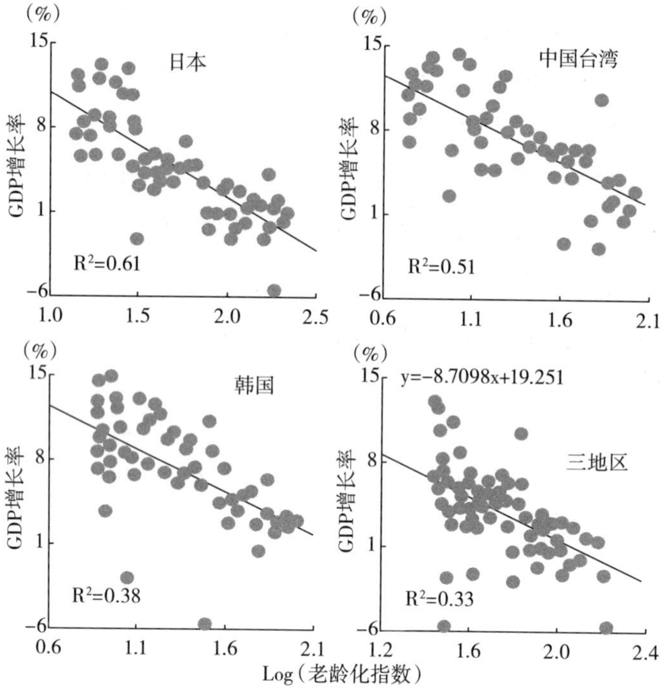

图 12－3　日本、中国台湾、韩国的老龄化指数与 GDP 增长率

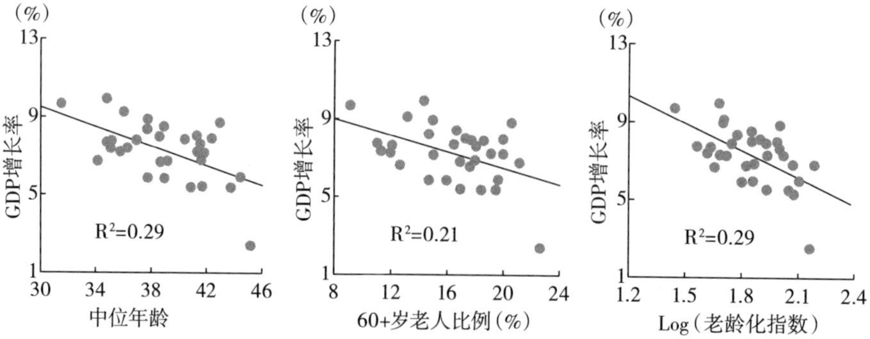

图 12－4　2016—2018 年全国各省人口结构与 GDP 增长率

（三）根据年龄结构判断全国和各省（市、区）2019 年的经济增长

表 12－1　根据 2016—2018 年的年龄结构推算的 GDP 增长率

省（市、区）	2016—2018 年年龄结构			GDP 增长率		
	中位年龄（岁）	60＋岁（%）	老龄化指数（%）	推测（%）	公布（%）	公布/推测（%）
全国	39.4	17.0	75	2.97	6.77	2.28
北京	39.0	17.5	119	2.37	6.70	2.83
天津	40.8	18.3	119	1.97	5.37	2.73
河北	38.6	17.8	68	3.07	6.70	2.18
山西	38.9	15.9	72	3.28	5.87	1.79
内蒙古	41.6	16.9	87	2.49	5.43	2.18
辽宁	45.1	22.4	147	0.39	2.37	6.12
吉林	43.8	19.5	115	1.40	5.40	3.86
黑龙江	44.3	19.6	128	1.16	5.87	5.05
上海	41.5	21.0	154	1.07	6.77	6.31
江苏	41.7	19.9	107	1.70	7.23	4.26
浙江	41.5	17.9	100	2.16	7.60	3.51
安徽	38.9	16.5	72	3.18	8.47	2.66
福建	37.7	14.7	60	3.89	8.27	2.13
江西	37.7	15.0	50	4.05	8.90	2.20
山东	41.2	19.1	86	2.19	7.17	3.27
河南	36.8	16.4	57	3.77	7.77	2.06
湖北	41.3	18.4	86	2.28	7.93	3.47
湖南	40.5	17.7	72	2.76	7.90	2.86
广东	35.0	11.9	53	4.92	7.30	1.48
广西	35.9	14.9	49	4.35	7.20	1.65
海南	34.1	12.6	46	5.07	6.63	1.31
重庆	42.9	20.5	100	1.52	8.77	5.79
四川	42.4	19.9	96	1.74	7.97	4.59
贵州	34.9	14.4	48	4.62	9.90	2.14
云南	36.1	13.2	50	4.60	9.10	1.98

续表

省（市、区）	2016—2018 年年龄结构			GDP 增长率		
	中位年龄（岁）	60+岁（%）	老龄化指数（%）	推测（%）	公布（%）	公布/推测（%）
西藏	31.6	9.2	28	6.65	9.67	1.45
陕西	38.5	17.3	80	2.96	8.00	2.70
甘肃	37.9	14.7	64	3.77	5.83	1.55
青海	36.3	11.3	42	5.12	7.37	1.44
宁夏	35.2	12.2	43	5.09	7.63	1.50
新疆	34.8	11.2	37	5.51	7.70	1.40

比如，2016—2018 年这三年全国平均中位年龄为 39.4 岁，以“三地区”的中位年龄与 GDP 增长率的相关性公式，推算中国的 GDP 增长率为 2.67%；而根据 60+岁老人比例推算 GDP 增长率为 3.33%；根据老龄化指数推算 GDP 增长率为 2.90%。这三套推测的 GDP 增长率平均为 2.97%，但是“公布”的这三年的 GDP 增长率平均为 6.77%，是“预测”值的 2.28 倍，原因有四：

第一，中国政府出台了有效的经济政策，减缓了老龄化导致经济下行的速度。

第二，在同等年龄结构下，中国大陆目前的经济水平还达不到当年日本、中国台湾、韩国当年那种水平，还有后发优势。比如 2016—2018 年的中国大陆 60+老人比例分别相当于日本 1989 年、中国台湾 2012 年、韩国 2013 年的水平，当时日本、中国台湾、韩国的人均 GDP 分别相当于美国的 108%、41%、49%，而中国大陆 2018 年还只相当于美国的 15%。

第三，中国有人口规模优势。

第四，各省的统计方法有差异（部分省份存在数据问题）。

根据中国过去的三套年龄结构参数，用上述的方法推测 GDP 增长率，那么 2008—2015 年“公布”的 GDP 增长率平均是“推测”数据的 2.00 倍（分别为 1.91、1.93、2.29、2.14、1.86、1.95、1.95、1.99

倍)。而2016 年、2017 年、2018 年的“公布/推测”却增加到2.08、2.32、2.46，是因为出台了有效的经济政策？还是因为改变了统计方法？如果“公布/推测”与2008—2015 年那样为2.00，那么2016 年、2017 年、2018 年的GDP 增长率应为6.4%、6.0%、5.4%。

人口并非经济发展的充分条件，基础设施、区位、交通、自然条件、资源、科教、创新能力等也都影响经济增长，因此2016—2018 年各省“公布/推测”的GDP 增长率差别很大。浙江、江苏、四川、湖北等省，由于基础设施完善、经济发展条件和区位条件好、创新能力强，弥补了老龄化对经济的负面影响，因此“公布/推测”偏高；而西北的甘肃、青海、宁夏、新疆却相反。

东北的老龄化程度最高，2017 年的60 + 岁老人比例、老龄化指数、中位年龄在全世界仅低于日本、意大利、德国、葡萄牙，而这四个国家2015—2017 年的年均GDP 增长率分别只有1.33%、1.10%、1.97%、2.04%。中国东北的产业结构和创新水平远不如这四个国家，而公布的辽宁、吉林、黑龙江2016—2018 年年均GDP 增长率却分别为2.37%、5.40%、5.87%，有些难以置信，原因可能有四：第一，财政的转移支付、养老金的全国调剂，缓解了老龄化对东北经济的负面影响；第二，振兴东北政策起到一定作用；第三，经济统计方法与其他省份不同，比如中纪委公布的报告中曾提到“一个时期辽宁全省普遍存在经济数据造假问题”，辽宁省政府也发现“所辖市、县财政普遍存在数据造假行为”。

广东的人口结构比较年轻，“公布”的GDP 增长率只是“推测”的1.48 倍，原因可能有三：第一，由于经济的全国调剂，稀释了广东的经济优势；第二，广东外来劳动力多，将收入寄回老家养家，贡献了家乡的内需和经济；第三，广东的经济数据被低估（也可能是广东并未被低估，而其他省被高估）。

表 12－2　根据年龄结构推算 2019 年的 GDP 增长率

省（市、区）	推测	校正 1	校正 2	校正 3	校正 4
全国	2. 52	5. 74	6. 20	5. 04	3. 73
北京	1. 91	5. 40	4. 69	3. 81	2. 82
天津	1. 38	3. 76	3. 39	2. 75	2. 04
河北	2. 57	5. 61	6. 33	5. 15	3. 81
山西	2. 79	4. 98	6. 85	5. 57	4. 12
内蒙古	1. 92	4. 19	4. 72	3. 84	2. 84
辽宁	0. 00	0. 00	0. 00	0. 00	0. 00
吉林	0. 67	2. 60	1. 66	1. 35	1. 00
黑龙江	0. 41	2. 07	1. 01	0. 82	0. 61
上海	0. 56	3. 50	1. 37	1. 11	0. 82
江苏	1. 30	5. 55	3. 20	2. 60	1. 93
浙江	1. 71	6. 02	4. 22	3. 43	2. 54
安徽	2. 96	7. 88	7. 29	5. 92	4. 38
福建	3. 44	7. 32	8. 47	6. 88	5. 09
江西	3. 60	7. 89	8. 85	7. 19	5. 32
山东	1. 72	5. 63	4. 23	3. 44	2. 54
河南	3. 36	6. 92	8. 26	6. 71	4. 97
湖北	1. 87	6. 50	4. 60	3. 74	2. 77
湖南	2. 39	6. 84	5. 88	4. 78	3. 54
广东	4. 50	6. 67	11. 06	9. 00	6. 66
广西	4. 01	6. 63	9. 86	8. 01	5. 93
海南	4. 79	6. 26	11. 77	9. 57	7. 08
重庆	1. 13	6. 56	2. 79	2. 27	1. 68
四川	1. 38	6. 33	3. 39	2. 76	2. 04
贵州	4. 40	9. 44	10. 82	8. 80	6. 51
云南	4. 28	8. 46	10. 53	8. 56	6. 33
西藏	6. 25	9. 09	15. 38	12. 50	9. 25
陕西	2. 54	6. 85	6. 24	5. 07	3. 75
甘肃	3. 43	5. 31	8. 44	6. 86	5. 08
青海	4. 74	6. 82	11. 66	9. 48	7. 02

续表

省（市、区）	推测	校正 1	校正 2	校正 3	校正 4
宁夏	4.71	7.06	11.58	9.41	6.97
新疆	5.18	7.23	12.74	10.36	7.66

表 12－2 是根据 2019 年各地区的中位年龄、60＋岁老人比例、老龄化指数推测 2019 年的经济增长率，全国的三套数据平均为 2.52%（推测）。由于实际增长率与单纯用年龄推算的有差距，那么用“推测”的 GDP 增长率乘以校正参数进行校正，其中“校正参数 1”是用各省 2016—2018 年的“公布/预测”值，如全国、北京、浙江、广东分别为 2.28、2.83、3.51、1.48，也就是说假设 2019 年“非人口因素”对经济影响与 2016—2018 年一样；“校正参数 2”是所有省份全部为 2.46（2018 年全国的“公布/推测”值）；“校正参数 3”是所有省份全部为 2.0（2008—2015 年全国的“公布/推测”值）；“校正参数 4”是所有省份全部为 1.48（2016—2028 年广东的“公布/推测”值）。

第十三章　中美贸易格局与走向解读

本章内容涵盖2018年特朗普上台之后的主要经贸政策及演变进程，包括最初的联邦预算，接下来的中美经贸“百日计划”，以及后来的大规模减税及放松规制、美国能源主导权战略等。同时也将日本经济发展历程及美日贸易战纳入分析框架，从特朗普挑起贸易摩擦的根源出发，试图从美国与主要国家经贸博弈的角度，分析中美经贸关系的走势，以及未来可能的演变。

一、特朗普挑起贸易摩擦的根源、目标、初步成果

首先，特朗普挑起贸易摩擦的民意基础主要是美国中部地区的蓝领阶层，图13－1是他与希拉里竞选时的胜选州分布，中间浅色的部分就是他的民意基础。当年奥巴马提出铁锈地带救助计划，也是希望赢得这部分选民的支持，但被共和党控制的国会否决掉了，在这二三十年间，铁锈地带蓝领阶层收入不但没有增长，失业率反而增加了，以至于他们的怨气特别大。占领华尔街事件发生后，全球对美国民粹主义的兴起也没太过关注，起因就是美国内部矛盾的暴露和激化，特朗普则刚好迎合了这些选民的诉求。

在中美贸易摩擦暴发之前，特朗普全面发动与主要贸易伙伴的贸易保护措施之时，日本一个研究机构在铁锈地带等中部地区做过一个调查，结果是该地区的民众并不赞成对墨西哥征收高关税，一是墨西哥跟他们的贸易往来比中国更密切，二是中国提供的主要是最终产品，墨西

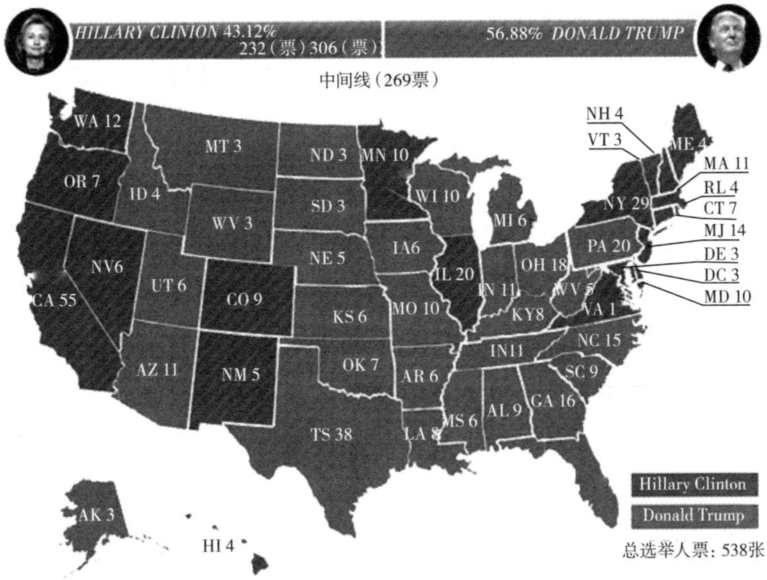

图 13－1　美国大选

哥则主要是中间产品，对墨西哥提高关税会影响当地企业效益和就业，对中国则不然。所以他们就非常支持对中国出台高关税措施，对墨西哥则希望最好通过谈判解决问题。

特朗普美国优先战略包括四大核心内容，目前已实施的主要有三个。第一个是大规模减税与放松规制，主要是环保和金融监管的放松；第二个是美国优先下的贸易保护主义，即对主要贸易伙伴全面发动贸易战；还有一个就是美国能源主导权战略。这些政策都是以美国中部地带产业为主要扶持对象的，蓝领选民是核心目标。因此，特朗普贸易政策的主要对象与目标，就是中部地带的蓝领选民，就是要通过美国优先战略保护与支持美国的钢铁、汽车等传统产业，在贸易上就是要求其他国家要给美国的传统产业让利和让理，相关国家只让利不让理的话肯定行不通。

特朗普对发展高新产业，包括中国提出的进一步扩大开放等的兴趣并不是很大。对我国降低汽车进口关税、扩大自美农产品及能源进口等倒是比较关注，因为这些领域是其选民基础。在对联邦预算进行的大幅削减和调整中，削减的主要是高科技研发、能效及可再生能源开发等领域（虽然后来有所恢复），之后的大规模减税政策也相对不利于高新技术等已享有更多税收优惠的产业，因为不论他做什么这些人都仍旧会支持民主党。此外，特朗普虽高喊自由贸易，零关税、零补贴、零壁垒，但实际上也只是一个幌子。如果美国与欧盟、日本等实现零关税，虽然美国的农业会占尽优势，但汽车、钢铁等产业也会受到更大冲击，所以所谓的“三零”根本不现实，美、日、欧形成发达国家自贸区的可能性也非常小。但欧日之间可能性却很大，因为双方同质化明显。特朗普“三零”这种说法本身就是一个博弈的手段，是其实施贸易保护主义政策的一个借口。包括后来对中国出台的一些知识产权之类的指责性报告，也主要是用于施压的，尽管我们在这些方面的确存在一些问题，但其并不是中美经贸博弈的关键所在。

更为重要的是，特朗普美国优先政策下贸易保护主义的主要目标，对盟友跟对中国是有明显区别的。对盟友是眼前利益为主，对中国则主要是长远战略利益。盟友跟他主要是竞争关系，我们虽然逐步有了一些竞争，但仍旧是以互补为主，在互补为主的情况下，美国的强力打压就只可能是战略上的考量。再从经贸博弈的深度和广度上看，打盟友是经济利益为主，只会限定在某些重点领域，对我则是全面打压。如果不是惧怕引起全球连锁反应，美国必会出手更狠，比如全面发动科技战、金融战等，当年其发动美日贸易战时，就是直接重拳出击。

我们对特朗普发动贸易战要从全球的视野去认识和看待，不能只从中美的角度来看问题，否则就很容易出现误判。如：特朗普第一次来中国访问，为什么跟我们达成协议，回去之后又反悔了？当时加拿大很多专家就认为特朗普回去肯定要反复的。这是因为虽然美国与韩国初步达成了协议，但跟墨西哥、加拿大、欧盟、日本都没有，如果其只签署一些能源大单，还被大张旗鼓地宣传，就没有理由再去继续压盟友，让他们在钢铁、电解铝、汽车等方面作出让步。如果我们先冷处理此事，按特朗普的先后次序，将中美谈判放到其盟友之后，或许可以让他接受类似的安排。特朗普后来对我国强力施压，部分也是做给盟友看的，如果我们能在重压之下签署城下之盟，美国与盟友之间的问题就会变得更容易解决，那些国家肯定都要屈服，这是非常正常的逻辑，可惜我们没有看到或重视不够。

放开美国牛肉进口则是一个典型的例子。美国发生疯牛病之后，几乎所有国家都禁止进口美国牛肉，但在美国施压下又不得不再次放开，最后只剩中国一家。所以我们千万不要低估自己的贸易谈判能力，包括整个的经济体量及全球政治经济影响力。另外，我们目前不是对美的十大钢铁出口国，是因为中美钢铁领域贸易摩擦由来已久，我们从越南、韩国等转口很多，如果采用原产地规则计量，对美出口量并不算小，这也是美国、欧盟等指责我国钢铁倾销的原因所在。从产量数据看，单拿出河北或唐山，都能在全球名列前茅，对这种以牺牲自身生态环境为代价，大规模出口钢铁等高耗能产品的政策，急需尽快进行调整，至少做到高耗能产品进出口的平衡才更符合绿色发展和建设美丽中国的理念与战略构想，才更符合我国的国家利益，特别是对某些地方政府的经济发展模式，应做更深入的思考与反省。

中美的主要贸易产品构成则充分证明了中美之间互补为主的经贸关系。中国对美国出口以电子信息类、家电、服装家具等为主，占对美出口的80%以上，这些都是美国自己不生产的，美国对这些产品加征关税，结果只能是增加自身的进口成本，提高自己的商品价格，助推通胀率的上升。同样，美国只有通过打压盟友才能保护自己的相关产业，这也是一个不争的事实。

表13－1是美国的主要贸易逆差国，排名第一的是中国，占比接近50%，过去上升的速度非常快，是逐步替代了日本位置的缘故。第二、三、四位分别是墨西哥、日本、德国，第五的越南，包括了部分转口，

以及承接中国的一部分产业转移，下面的爱尔兰属于 IT 行业较发达的，最后是马来西亚、印度和韩国。墨西哥之所以会排在日本和德国前面，主要是因为其已成为日本、德国向美国出口的生产与组装基地。从日本自身来看，对美 689 亿美元的逆差中，80% 来自汽车及汽车零部件，而这还没有包括其在墨西哥工厂的对美国出口，以及在美国本土工厂的产量。所以，实际上日本在美国汽车市场中所占份额是非常高的，墨西哥等于是在替日本和德国受压。特朗普之所以挑起贸易摩擦就是要压这些国家给它让路，尤其是给它的传统产业让路，这个跟中国之间是有非常明显的本质区别的。特朗普认为与中国之间解决贸易逆差问题最为重要，因为从中国进口的产品美国国内基本不存在生产替代性。其要出口更多的产品给我们，特别是支持他的选区的产品，用以平衡中美贸易。

表 13－1　2017 年美国的主要贸易逆差国

序列	国别	贸易逆差（亿美元）	占比（%）
1	中国	－3757	47.2
2	墨西哥	－710	8.9
3	日本	－689	8.7
4	德国	－641	8.1
5	越南	－383	4.8
6	爱尔兰	－381	4.8
7	意大利	－315	4.0
8	马来西亚	－245	3.1
9	印度	－229	2.9
10	韩国	－228	2.9

资料来源：美国商务部网站。

特朗普全面挑起贸易摩擦之后，已经达成了两个自贸协议：一个是美韩自贸协定，一个是美加墨自贸协定，无不以美国优先为基本准则。美韩贸易协定一是延迟美国对进口韩国卡车的关税时间，25% 的关税，原计划是到 2021 年归零，在新协议中延长至 2041 年。二是要求韩国放弃自己的进口汽车安全标准，向美国标准看齐，并且进口美国汽车数量翻一番。三是钢铁对美出口控制在2015—2017年平均量的70%以下。四是对没有限制的电解铝，美国继续征收高关税。美加墨协定也是一样，之前汽车免关税的下限是零部件区内生产占比达到62.5%，特朗普一直要求提高至85%，后来虽然接受了墨西哥、加拿大75%的建议，但增加了小时工资限额、整车免关税进口数量限额，以及汽车零部件免关税进口金额上限等硬约束，加拿大和墨西哥向它出口量如果超过规定限额，就要被征收25%的关税。另外还提出了对货币贬值进行限制的要求，即相关国家不能通过货币贬值来提高产品的出口竞争力，这条在美韩自贸协定中也存在。

不论是美韩自贸协定，还是美加墨自贸协定，主要条款都是保护美国传统产业的。如果中国没有承诺类似的条款，要在日本和欧盟等国家之前跟美国达成妥协的可能性不会很大，特朗普一直威胁要对从日本和欧盟进口的汽车征收25%的关税，如果中国以WTO原则带头反对的话，必然会招致美方的强力打压，只有把中国打得越狠那些国家才越有可能知难而退，做出更大让步，这是明显的极限施压与杀鸡儆猴策略。但中美贸易摩擦对中国也不是一点好处都没有：第一，中国可能赢得更多同情跟支持，朋友圈会进一步扩大。第二，由于中国出面扛下这个压力，美国在与其他国家的自贸谈判中，才能有所收敛和让步。实际上在与墨西哥、加拿大的协议中，美国也是做了比较多的让步的。所以，我们不能光看负面冲击，也要看到正面的效果和影响。再有就是倒逼国内改革，如果改革阻力过大需要借助外力的话，当然时间上是越早越好，因为中美战略博弈是迟早的事，躲是躲不过的，深化改革更是越早越好。

一个新出现的情况更充分显露了特朗普美国贸易保护政策的实质。美国贸易代表办公室于2018年12月21日发表了美日待磋商的22项事宜，主要包括：要求日本削减关税和非关税壁垒，以便美国打入日本汽车和农产品市场；提出汇率条款——确保日本不会为获取不公平竞争优势而进行汇率操纵;推翻过去达成的美日间只谈“货物贸易协定(TAG)”的承诺,要求加入服务贸易、劳动雇佣、环境保护等新的谈判条款,以及加入效仿美加墨自贸协定(USMCA)的“读丸”条款,即:与非市场经济国家签署自贸协定需确保透明性和行动恰当性。不仅对日本施加更大的压力,针对中日韩 FTA 和 RCEP 意味也比较明显,此文件的出台在日本国内引发了强烈反弹,甚至出现了“如果按这些条款日本将成为美国的殖民地”等声音。

二、亚洲模式:美国心中永远的痛

所谓的“中国之谜”是福山、奥尼尔等西方学者在其“中国崩溃”论预言失败之后,又找不到更合理解释而提出的。中国这 40 多年改革开放发展为什么这么快,又没有出大问题,叫“中国之谜”。“中国之谜”是否真的存在?在回答这个问题之前,我们先来看一个事实,全球 190 多个国家和地区中,二战以后成功跨越中等收入陷阱的只有韩国、中国香港、新加坡、中国台湾和以色列,而且除了以色列之外全都是东亚国家和地区,背后的原因究竟是什么?十几年前在北京的西方年轻人被问道对中国印象最深的两点是什么时,他们的回答让人感到非常吃惊:一是不计较报酬加班加点努力工作,二是父母省吃俭用把钱都花在子女教育上。他们认为:如果一个大国具备这两个优点,只要政局稳定,不强大起来是不可能的,而我们很多人却没有认识到这两个比较特别之处。那么具备这些特点的中国能否成为下一个成功跨越中等收入陷阱的国家?学者普遍认为中国要想成功跨越必须具备两个条件:一是要进一步深化改革、扩大开放;二是要搞好中美关系,至少不能让双方进入一个频繁产生贸易摩擦,乃至发生新冷战的阶段,要尽力保持中美关系的基本稳定,这是一个必要的前提条件。

二战后陷入中等收入陷阱的国家主要包括一些东南亚国家,如:泰国、菲律宾、马来西亚等,以及一些南美国家,如:巴西、阿根廷等。

这些国家在政治制度和市场体系等方面与英美等的类似度均明显高于中国，也高于刚才提的那些成功跨越中等收入陷阱的亚洲国家和地区，这些国家没有成功跨越中等收入陷阱的原因究竟是什么？此外，在中国与其他新兴经济体国家之间，也出现了明显分化，其原因又是什么？

答案恐怕只能是“亚洲模式”。当年李光耀曾写了一本叫《亚洲模式》的书，系统分析了日本 + 亚洲“四小龙”的发展经验，当时也叫“雁形模式”，其中总结出了几个重要特征：一是政府主导，通过产业政策实现发展和赶超；二是儒家文化圈背景，即在劳动力素质方面明显的比较优势。当然德国和以色列的文化背景也有类似之处，也是高度重视基础教育和技能培训。举个例子说明一下，丰田在日本与美国的工厂生产的汽车合格率大体相同，但在日本生产的全是钟形曲线最顶端的，在美国则是刚过合格线的居多，美国生产的车开三五年就会有问题，日本生产的车开十年左右基本没事。这也是美国制造业的痛点所在，虽然精英阶层非常厉害，但下面那些蓝领，劳动力素质相对较差，这是特朗普或是其他人都难以改变的。美国在制造业领域和上面这些国家相比根本不具比较优势，当年美日贸易战也是这个原因引发的，即后来美国学者定义的所谓与“国家资本主义模式”之间的冲突。此外，这些国家与美国之间还有一点明显不同，就是英美是案例法系国家，东亚、德国等均是大陆法系，大陆法系本身政府的作用就比较大，能够更好地发挥政府和产业政策的作用。正是由于这三个方面的重大差异，这些国家与美国在发展模式上也存在着明显差别。

亚洲赶超模式是一个梯队递进的过程。从最早的纺织、服装、家具，到钢铁化工，到手机、白色家电，再到汽车、高铁，最后是飞机、军工、航天。目前美国有优势的产业，除了飞机、军工、航天之外，还有农业、制药、芯片，以及金融等高端服务领域，其他领域基本上都是中日韩以及德国的天下。从全球来看，在制造业领域有明显竞争力的产品也基本上都出自这些国家，劳动力素质的差距就是问题的实质。目前在制造业领域美国就剩下了飞机、军工、航天等投资周期长、资金投入大、产品更新换代慢的那些领域了。特朗普曾经的政治顾问班农说过,特朗普要把产业链从中国挤出去,实现美国的制造业回归,从劳动力比较优势的角度看是非常不现实的,没有哪个国家从规模或数量上可以承接中国的产业转移。

再举个例子。在中日钓鱼岛争端期间,安倍政府出台了“中国+1”政策,指示各大企业不要去中国投资,并在全球找能替代中国的地方,1就是替代中国的地方。大企业的会长或CEO们在全球调研了一圈,回来之后汇报说“中国+0”,即没有能替代中国的国家,这让安倍感到非常沮丧。目前或许有一个潜在的可能就是越南,但越南基础设施、产业配套等条件仍比较差,相当于中国十五、二十年之前的状态,只能像我们原来一样,承接一些中低端的,包括一些组装性的产业,况且其国家仅相当于中国的一个省,因此,如果要将产业链从中国转移出去,则根本不具备可行性。马来西亚总理马哈蒂尔在第一次当选时就说过,自己最大的愿望是能够改变马来人的惰性,让他们能与华人平等竞争,但在卸任时则感慨道:“我彻底失败了。”

既然中美贸易摩擦对产业链的实际影响并不严重,中国经济的下行压力又主要来源于哪里?客观上来讲,我们混淆了其中的一些重要影响因素,即自身金融去杠杆等政策所带来负面冲击的集中显现,被无意识地加到中美贸易摩擦影响上去了。美国对我的全面打压主要是使国内在信心上出现了问题,并未明显体现在产业链转移、出口和投资上,我国2018年前十个月FDI同比增长5%以上,10月份是8.3%,对美出口同比增长也很大,对美贸易顺差也在不断扩大,部分产业外移是土地成本过高和劳动力成本上升较快造成的。当然国内信心崩塌不能排除与民间普遍存在的对中美贸易摩擦信心不足有关,但“不惜一切代价打赢贸易战”“中国比美国更有承受力和耐性”等舆论引导或许起到了“火上浇油”的相反效果,是典型的“自吓式”宣传,也是美国最希望看到而它自己无法做到的，在这样的舆论引导下，国内股市、汇市和民间投资出现了崩塌式下跌。因此，不论中美经贸摩擦短期内能否得以平息，国内舆论引导都必须做出重大改进，不仅对“双输影响”分析评估要客观公正，更要避免过激的口号式言论可能带来的严重负面冲击，这显然属于防止出现重大金融风险范畴的重要问题，必须予以严肃认真对待。

此外，仅就对美出口而言，2000 亿美元产品加 10% 关税后的产业链挤出效应并不明显，上下游和批发消费段各负担 1/3 是可以基本消化掉的，况且还有人民币贬值和中国加大出口退税力度等措施。但是，如果税率提高至 25%，就会出现明显影响，至少对美出口产品的组装端需要全部外移才行，与美国市场不宜分离的组装端也可能全部外移，甚至包括部分零部件生产端。鉴于中美贸易摩擦走向的不确定性，部分企业提前布局也属正常现象，不必为此大惊小怪，但中美贸易摩擦已面临非常重要的节点或拐点则是不争的事实。

三、美日贸易战手段的继承性及美国建立 WTO 时机与初衷

首先，回顾一下当年日美贸易战中美国的主要手段。从表 13 –2 可以明显看到，美国对日本的贸易逆差，在彩电、汽车乃至半导体成为主要出口产品时上升是非常快的，日本逐步成为美国最大的贸易逆差国，美国对日本的看法也随之发生了根本改变，美日贸易战最激烈也在这个阶段。美国对日本主要采用如下手段：第一也就是最开始时，是知识产权大棒，为应对日本制造业的崛起，美国加快设立起了知识产权保护体系，后来对半导体行业还专门设立了一个知识产权保护机构。美国发起的知识产权调查认定，1992 年日本 80% 以上的软件都存在非法使用等问题。在美日知识产权保护会谈中，美国对日本提出了 12 项系列要求。十年间美国对日本企业发起的 59 起反倾销诉讼，其中日本胜诉的只有一个，与中国之前一样，日本企业大多是以私下达成协议、赔巨款的方式结束

这种争端。当年做相机的美达能，负责跟美国谈判知识产权的董事对此有个很形象的比喻，“相当于把不会游泳的人一下扔到大海里一样，根本无所适从”，最后只能是美方说的全部答应下来。知识产权问题等于是美国打压日本的第一个手段。

表 13－2　美国对日本的主要贸易逆差

时间	代表领域	对美逆差
20 世纪 50 年代	纺织	5. 04 亿美元（1956—1960）
20 世纪 60 年代	钢铁	－3. 84 亿美元（1966—1970）
20 世纪 70 年代	彩电	－87. 2 亿美元（1976—1980）
20 世纪 80 年代	汽车	－465. 9 亿美元（1985）
20 世纪 90 年代	半导体	－592. 8 亿美元（1995）

资料来源：日本经产省。

第二个就是关税。汽车领域，当年在美日汽车贸易战的时候，美国人就提出把关税加到 100%，而且要求日本自主限制对美汽车出口数量。日本自 1981 年起开始自动限制对美汽车出口量，持续了 5 年以上。美国后来又对日本实施了关税制裁，1995 年，将几家日本主要汽车生产厂家的 43 种汽车关税，从 2. 5% 直接提升到 100%，导致日本汽车行业的股票出现崩盘。半导体领域，日本在 20 世纪 70 年代时落后美国十年以上，后来通过搞大规模集成电路专项计划等，不论是专利数，还是市场占有率，都完全压制了美国。在这种情况下，美国开始对日本计算机征收 100% 的报复性关税，并强迫日本购买 20% 的美国半导体。因为当时 4M 内存日本比美国强很多，甚至买完后直接扔掉的事都有发生，但因当时日本是弱势一方，美国提出的条件它也只能答应。知识产权也好，关税也罢，目前的中美贸易摩擦远远没到当年美日的程度，当时的关税都是 100%，而且附带自主限制出口措施，再加上通过广场协议逼迫日元大幅升值等，都是非常严厉的。

美国在中美贸易摩擦中显然大体沿袭了当年美日贸易战的套路，主要操盘手也都是莱特西泽本人。首先通过知识产权问题施压，但中国目前已没有原来日本那样的弱势，不仅在提请 WTO 裁决案例中赢面更大，在美国国内诉讼中，也有一些重要的取胜案例。当年美日贸易战中，美国唯一没有考虑到的就是产业政策，正是当时莱特西泽没有直接在产业政策上施压，才让日本一个接一个通过产业政策实现追赶与超越。这次他充分吸取了教训，直接针对中国产业政策和政府补贴下手，触及中美经贸博弈最核心的问题，美方称之为“结构性问题”。同时，他也改变了当年对日本单个领域重点施压的策略，对我实施更为严厉的全面综合施压，力图为其贸易战生涯画上圆满的句号。

中美贸易摩擦中极端事件方面也没有当年美日之间那样严重。当时日本东芝下属机械公司违反“巴统”规定，向苏联秘密出口数控机床，美方认为“导致美国的潜艇监控系统完全失效”，虽然有媒体披露，在此之前已有盟国向苏联出口过同类设备，但最后日本仍不得不在美国 50 多家报纸刊登新闻广告谢罪，时任首相中曾根康弘还亲自出面道歉，才得以最终平息事态。虽然中兴事件以及华为孟晚舟引渡事件等均使外界看到美方博弈施压，但仍远没到那个程度，在经济全球化大背景下，美国不敢对此做得太过分恐怕是原因之一，如果引发盟友人人自危，全球产业链将面临崩塌的危险，特朗普原本设想要发动的科技战、金融战等，也因此不得不临时收手。

下面做一下中美贸易摩擦与当年日本贸易战的对比分析(表 13－3)，日本当时的对策主要包括：自主出口限制，在美投资设厂，改善国内竞争和营商环境等，没做的是区域经济一体化、日元的国际化等。相比之下，自主出口限制我们没有做，在美投资设厂很多领域美国又设置各种障碍不让你进，自愿扩大进口、改善国内竞争和营商环境做的已经很多。因此，日本当年没有做的区域经济一体化、日元国际化等就成为有效应对的要点之一，但人民币国际化或许和制造业立国之间有天然的冲突，这点在后面还要进一步解释与说明。

表 13－3　美日贸易竞争、中美贸易竞争手段及应对措施对比

内容	日本	中国
美国打压手段	知识产权	知识产权、国企补贴、强制技术转让
	关税：针对主要竞争行业，税率 100%	针对部分行业，税率 10% 或 25%
		产业政策
所采取的应对措施	对知识产权纠纷大多采取私了及赔款	积极应对知识产权纠纷，WTO 赢多，在美有胜利
	自主出口限制	
	在美投资设厂	
	扩大自美进口	降低关税，降低行业准入门槛，取消股比限制
		倾向接受国企中立，竞争中立，减少国企补贴
	改善国内竞争营商环境	改善国内竞争营商环境
	通过产业政策实现下一个行业的超越	
未采取或未成功的应对策略	未推动区域货币	未推动区域货币
	未推动区域经济一体化	推动各类自贸区谈判
	推动日元国际化失败	推动人民币国际化进展不佳

资料来源：作者分析整理。

美国牵头建立 WTO 的时机与初衷是剖析中美贸易摩擦成因的关键之一。时机上：打赢美日贸易战，与日本在 GDP、人均收入方面的差距逐步拉大，赢得美苏冷战。触发亚洲金融危机使亚洲国家受到重创，IT 革命使美国重新确立了在高科技领域的领先地位，在这种情况下，美国推动签署了 NAFTA，促成了 WTO 的建立。目的当然是为了通过 WTO 建立部分超国家主权规则，进一步扩大美国的领先优势，巩固美国全球经贸霸主地位。但情况随着后来我国的快速崛起而发生改变，不仅美国没有想到，我们自己更未预料到，以至于当年入世时关于市场国家地位的条款模糊化，使我们至今没有在这个问题上取得实质性突破。同样，我国在全球化浪潮中迅速发展成为全球第二大经济体，更使得特朗普认为 WTO 已不利于美国，想大幅修改 WTO 规则或废除它。

四、中美贸易摩擦的潜在影响

IMF 的预测分析显示，中美贸易摩擦对中国的 GDP 增长率影响是对美国的影响的约 1 倍，这与 OECD 及日本、德国等的主流智库的分析结果基本一致，但因为我国 GDP 增速是美国的两倍多，贸易摩擦对双方 GDP 的实际影响程度是差不多的，美国升级贸易摩擦的结果注定是两败俱伤。对第三方的影响也以负面为主，如果中美贸易摩擦波及全球投资和金融领域，对日本等其他国家的影响也大都是负的，只有像越南这样的国家在产业链转移方面会明显受益，影响轻微正面。因此，全球主要经济体都普遍担忧中美贸易摩擦进一步升级。

中国美国商会的调查结果显示：若中美贸易摩擦升级，考虑把产业从中国移出的美国企业占 30.2%，考虑从美国移出的为 30.9%，打算从美国迁出的比从中国迁出的还略多一些，其中考虑从中国迁回美国的只有 6%。因为这是对美国企业所做的调查，美国企业与东亚供应链的紧密程度肯定不如日韩等国，日韩企业的外移意愿可能会更低，日本当年很希望中国加入 TPP，除可借美国之手约束中国之外，就是要避免其东亚产业链的完整性受到影响。德意志银行的研究成果显示：中国 17 个生产行业中，大部分产品都主要用于满足国内市场需求，只有 13% 的工业产品用于出口，其中出口美国的只占 2%。有严重影响的是白色家电行业，微波炉、洗衣机、空调、冰箱等产品，对美国出口比重较大，占该类别出口量的 40% ~80%，但这些都在剩余尚未被加征关税的 2670 亿美元对美出口产品范围之内，特朗普也顾及对美国消费者的不利影响，以及进口来源的不可替代性，才被留到最后。因此，其之前的产品加关税对美国的实际影响范围和程度都不是很大。

特朗普挑起贸易摩擦的时机把握非常好，显然经过了精心的战略设计。选择的时机是美国经济状况最好的时候，也是中国经济发展遇到瓶颈问题最突出的时候。对美方来说最理想的结果是，通过贸易战迫使中国签城下之盟放弃产业政策与政府补贴。或通过极限施压暴露中国房地产、金融等风险点，与日本当年房地产泡沫一样，一棍子将中国彻底敲下去，这是美方最希望看到的两种结果。如果这两种结果都达不到，在极限施压之下，中国加快了国内改革，维护住了全球多边贸易体系并进一步发展壮大之，美方就得不偿失了，这也是特朗普政府最不愿意看到的结果。

五、中美贸易摩擦的可能走向

中美贸易摩擦的可能走向是民众最关心的问题，其无外乎是以下这四种可能：第一是双方达成协议，取消被加征的关税，这个基本上没有可能。第二是双方暂时达成协议，冻结现有关税，在现有的情况下就一些棘手问题继续进行谈判，这个可能性比较大。第三是无法达成妥协，美国对 2000 亿美元产品的关税税率，由 10% 提高到 25%，或采用技术战、金融战等方式继续极限施压，逼中国在谈判中做更大让步，这种可能性也比较大。实际上如果是第三种情况，对中国的影响就会显现出来，对美出口产品在 25% 关税的压力下，组装端和部分零部件产业会向外转移。第四是双方贸易摩擦继续升级，无法重启磋商，最终两败俱伤，美国股市泡沫和中国房地产泡沫相继破裂，使全球经济受到重创，甚至引发新一轮经济危机，这种情况发生的概率也是很小的。目前中美双方有关经贸问题的高级别磋商已接近尾声，但尚有一些关键性问题有待解决，不排除双方首脑为此再次举行会晤并最终签署协议的可能。目前我们所能看到的结果无非就是第二和第三两种，具体是哪一种一是要看中方的让步特朗普在国内能否交代得过去，其中，美国政府停摆问题能否早日解决，以及中国深化改革措施能否部分打消美国对中国走回头路的疑虑等都将产生一定的影响，二是要看贸易摩擦持续对美国经济、金融的伤害程度，如果两败俱伤效果明显，特朗普则只能选择暂时停战，当然，如果中国的让步无法满足其要求，即使双方达成暂时性妥协，他也必将选择技术金融等途径继续进行施压。

总之，无论出现哪种可能，有一条是改变不了的，就是美国对我的技术封锁和投资限制只会越来越严格，对此我们不能抱任何奢望。正如基辛格所说，“中美关系已经不可能再回到过去了，只能探索和建立新的关系，这种关系究竟是什么，他自己也不知道”；“中美两国存在的根本问题不在于能否解决贸易争端，而是在一个新的国际政治经济环境中如何共存”。对特朗普而言，取得连任最为重要，不论是两败俱伤，还是中国的让步程度其在国内无法交差，对其谋求连任都非常不利，所以，其能暂时接受的结果只能在这两者之间，如果无法实现，仍存在根据具体情况选择延长谈判期限、提高关税继续施压，或改换施压方式三种可能手段。当然，如果双方能如期达成妥协，但结果又不能令特朗普满意的话，取消已加关税非常困难，最可能的结果是暂时停火并维持现状，继续寻找下一个施压时机和方式。本研究认为，在中美结构性矛盾没有完全消除之前，双方博弈的长期化恐怕在所难免，我们对此应有充分的心理和应对准备。此外，对最终决策而言，特朗普身边的人既重要也不重要，重要的是可对特朗普产生一定的影响，并在谈判磋商中发挥自身作用，不重要的是其必须贯彻特朗普的个人意志，否则就如班农、德勒森、马蒂斯等一样被炒，国内一些学者过度解读纳瓦罗、莱特希泽等的“以经济换战略”动机既无明显必要，也容易产生误导。

中美究竟能在哪几个方面达成妥协？最可能的领域，比如知识产权保护，同样也是我们所需要的，这方面肯定可以达成妥协。还有就是与政府补贴相关的国企中立和竞争中立问题，这方面达成妥协也有利于中国经济的健康发展。同时，我们也要清醒地看到，即使接受了国企中立与竞争中立原则，因中美结构性矛盾尚在，美国也会找出各种理由，维持甚至强化对我国国企的各种限制，这一点也是美国怎么看中国未来发展的一个重要风向标。即使未来在 WTO 框架下就此达成某种协议，美方也会以国内法为依托继续对我实行各种限制。还有一个就是产业政策，包括所谓的强制性技术转让等等，如果中国不去做产业政策支撑的话，可能会延缓追赶步伐，实际影响也不是致命的，这是双方未来博弈的一个焦点问题，因为这是一个原则性问题，中国在这个问题上不会退让，美国也是有产业政策的，只不过表现形式与亚洲国家不同罢了，即使仅从对等的角度看，保持产业政策的持续性也是十分必要的，当然形式上可以有所调整变化。德国工业 4.0、美国工业互联网、韩国制造业创新 3.0 战略、英国高科技创新战略，以及“新工业法国”等都是类似的产业政策，美国在此问题上单独施压中国并无道理。

最后看一下中美关系走向的试金石，就是油气领域。美国财长姆努钦认为这个领域双边贸易潜力最大，大概是 500 亿到 600 亿美元的规模，而且双方是绝对的互利共赢。只有我们提供市场，提供投资，特朗普的美国能源主导权战略才能真正得以顺利实施，中美贸易逆差才有可能得到大幅削减，在这个领域双方是绝对的互补关系。同时还包括稳定国际能源价格，促进能源来源多元化等对我国的有利影响。如果双方能在油气领域加强合作，甚至是密切合作，未来关系就不会过分闹僵。如果油气领域没有合作的话，双方就有彻底闹掰的可能。比如我们跟俄罗斯、澳大利亚、卡塔尔等签协议，而且这种协议都是长期的，就基本上没有回头的余地和可能。美国也会在日韩、印度等盟友圈强推其油气资源，对我国包围遏制体系也会更为牢固。总之，我们应清醒看到，油气领域与金融和技术领域是很不一样的，那些领域有争端是可以恢复的，油气领域恢复难度却要大得多，所以这块才是中美关系未来发展的重要风向标，处理起来应慎之又慎。

目前为止，中美经贸磋商出现了一些新的变化。美方为迎合国内民主党人的诉求，提出加入禁止操纵汇率这一在已达成的美韩自贸协定及美加墨自贸协定中均出现过的条款；美方还提出了监督与核查机制条款，不仅反映出了双方明显缺乏互信，也涉及中方主权，即使双方对等也恐难被中方所接受。而其中的中方不能出台进一步的反制措施，以及不能向 WTO 提告等条款，更旨在为美方继续施压铺路；网传中方提出以 6 年内增购 1.2 万亿美元产品大单，换取美方取消已增关税的信息，不仅对未来全球经贸格局的潜在冲击不容小觑，还被美国芯片厂商以损害自由贸易为由抵制，波音 737_ max 事件也带来了更多困扰，特朗普又提出不能取消已加关税，但美方若想实现中方增购，双方至少要相互撤销部分已加关税才行。由此开始，中美经贸博弈恐已步入战略相持阶段，反复博弈或将成为常态。同时，在本轮中美经贸磋商进入收尾阶段后，特朗普又启动了下一个攻击目标——印度，继续其贸易保护之旅。

六、需要厘清的几个重要认识

第一个是美国能否跟中国经济彻底脱钩。这个是绝对不可能的。因为中国不仅有市场优势，还有产业成本优势，如果这两个美国都放弃的话，就会被依托中国市场和产业链的日本、德国等企业彻底压制，美国就会进一步失去竞争优势。因此，所谓的“脱钩”只是特朗普极限施压的一种手段而已，没有什么好怕的。当然，如果贸易摩擦持续升级的话，2000 亿美元产品关税加到 25%，对美出口的组装以及部分零部件产业就会出现外移，鉴于中美贸易摩擦走向的不确定性，目前这个影响已经显现出来了，但如果按照现在关税税率达成协议的话，实际影响并不是很明显。因此，当前中美谈判的主要着眼点应该就是如何避免 2000 亿美元产品税率由 10% 加到 25%，而不是要求取消钢铝关税或其他，美国对主要国家普遍加税并不可怕，尽力避免单独对我加税才是最重要的，这也是中美双边谈判中的一个重大原则性问题。

对于下一步如何应对的问题我们或许只有一条路可走，就是必须要加大改革开放力度，把国内市场尽快培育起来，维护经济及产业链全球化和建设开放的庞大国内市场是保证中美两国关系走向竞合而不是零和的必要前提。有学者认为可以用“一带一路”市场替代美国市场，其实这个是替代不了的，中国在非洲、在印度，包括在中国的农村，不仅当前的市场规模不够大，对手机等产品的性能需求也与美国等发达国家存在一定的差异。如果我们想继续实施产业升级，并在产业和技术方面进入全球第一梯队，美国市场至少目前来说是必不可少的，对这一点我们一定要有非常客观和清醒的认识。同样，我们在部分高端零部件方面也离不开美国，即使中国未来具备了自主生产能力，供给来源也一定是多元化的，掌握主要核心技术和有市场竞争力的核心技术之间是两码事。

第二个就是现在很多学者提出来的，全球贸易的“三圈结构”会不会更加明显。图 13－2 是 2014 年的情况，这时的三圈结构已经非常明显了，谁是中国第一大贸易国，谁是德国的，谁是美国的，都能清楚地看到。但未来会如何发展变化则更为重要，如果我们继续目前的发展模式，美国的主要贸易伙伴或许会逐步变成我们的第一大贸易伙伴，包括墨西哥甚至加拿大等。虽然我们全球第一大贸易国的地位会更加稳固和突出，主要贸易伙伴也最多，但是贸易结算的货币仍旧还是美元。如果中美关系不能得到缓和，我们未来面临的金融风险如何？该怎样去调整，如何去应对？美元经济圈早已形成，欧元经济圈也已成型，人民币或亚元经济圈呢？这才是我们最大的短板和未来发展的主攻方向，而加速多层次资本市场建设、实现由间接融资为主向直接融资为主的转变、培育和壮大更加开放的国内债券市场等更是补短板的重要支撑。

如果在微笑曲线两端必须选一个主攻方向，国内大部分经济学者都认为要选择日韩现在的那一端，即：高端零部件的那一端。但是，如果我们选择日韩那一端的话，金融怎么办？有没有兼得的可能？目前能看到的只有欧元模式，那么中国就必须尽早打亚元这张牌。我们就不能像当年的日本人一样，觉得“日本可以说不”，不屑于搞亚元，只想推动本币的国际化。如果单纯选择英美那端的话，自身劳动力素质比较优势又难以发挥，文化背景与法律体系的适应性也可能是个问题。接下来一个问题是，如果我们在逐步升级自身产业的同时，继续采取目前日本式的大规模出口模式，顺差地位可能会长期保持，其他国家也拿不到更多的人民币，尽管双边货币互换很重要，但我们很可能并不需要对方的货币，这也是我们推动人民币国际化多年，却仍进展缓慢的重要原因。如果未来中美贸易摩擦继续扩大的话，我们该怎么办？当年日元国际化失败的教训更值得我们汲取与深思。

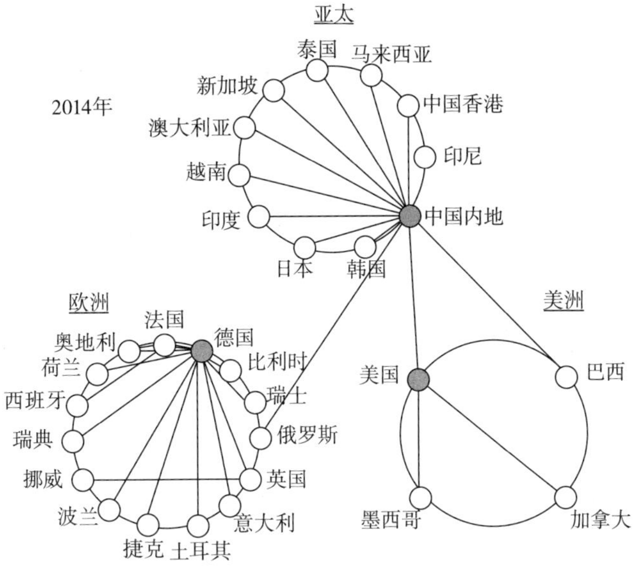

图 13-2　全球贸易的三圈机构

第三个问题是关于自贸谈判。记得龙永图先生曾说过一句话："我保护你十年、二十年你还是个婴儿的话，我该不该这样保护你，我该不该反思自己的政策是否正确？"中国的汽车产业就是一个最为明显的例子，与韩国的产业政策相比我们的确不成功。韩国一开始就设定了逐步降低关税的时间表，并鼓励国内车企整合，促进技术研发及产业竞争力的提高，在当时非常不被看好的情况下，成功实现了国产品牌汽车发展壮大，乃至在竞争激烈的国际市场占有一席之地。同样，自贸谈判中如果过分考虑眼前利益和部门利益，不仅结果不会很理想，谈判难度也会明显增大。目前要保护的条款很可能就是十年之后想去除的，何况从谈判到最终生效本身时间就很漫长，在中美结构性冲突长期化的情况下，这种部门利益和眼前利益至上是会明显损害中国自身长远战略利益的，不仅会影响 RCEP、中日韩 FTA 等谈判进程，更关系到中国是否加入 CPTPP 等前瞻性战略问题，以及未来人民币国际化的速度和质量。

第四个问题是中美修昔底德陷阱的虚与实。美国为什么对中国的崛起在战略上有明显的警惧，第一，不能说与国内一些学者在国外过度宣传无关，美方本来就对我有所顾忌，这么一讲，美国人肯定对我更加疑虑了。第二，也是我们的发展使然，包括经济、贸易等，达到美国 2/3 规模时，它就会认为你对它构成了实质性威胁，即：所谓的 2/3 定律，其当年打压日本就源于此，与我当前技术水平、金融实力关系并不大。但是，经济全球化及国际产业链的形成早已决定了未来的中美关系只能是竞合关系，而不是当年美日的零和关系，即使中国能够顺利崛起，未来不论是经济、贸易、金融，还是科技、军事等领域，也注定只能是两极或多极中的重要一极，而非单极，所谓取代美国现有地位的历史性情形则根本不可能再出现，因此，国内很多学者的盲目乐观是非常危险的，况且你自己的认识都有问题的话还如何去说服美国。另一个核心问题是，尽管人民币已经成功加入 SDR 了，但在全球支付市场里只占 1.75%，储备方面仅占 1.12%，交易量也只有 2%。人民币国际化的路要如何走才行？按目前的路径，未来想形成美元、欧元、人民币三足鼎立几乎是不可能的。

出现如下情景的可能性有多大？中国成功跨越中等收入陷阱，在 2025 年至 2030 年间 GDP 总量超过美国，甚至在更远的 2040 年至 2050 年间，GDP 总量达到美国的 2.5 倍，但在金融领域，人民币仍然不可能有现在美元和欧元的地位，全球金融体系还是美元主导，这是不是一个非常可能发生的情景。另一个关键问题是，如何推进人类命运共同体建设，如果不能让其他国家接受我们的价值观和发展模式，即使中国的综合国力超过美国，如何才能实现我们所希望的和平发展环境。所有这些都是紧迫的战略性问题，需要我们尽早深入思考，并提出应对策略。

第五个是孟晚舟事件为何会发生。有学者认为美元、美军和美债是维持美国全球霸主地位的三大基石，从现实来看美债恐怕还没重要到这个地步，答案应该是美国的网络霸权才对，华为正是触碰了这点才遭到美方强力打压的。还有，经济全球化使得资产所有权和经营权分离趋势日益明显，不论是公有还是私有，只要是产权明晰，市场化经营与管理，就不应该存在明显的冲突，这本更有利于我国进一步融入全球经济和产业体系。但是，资产所有者与经营者利益不一致也导致了当年的安然和世纪通信等破产事件，美国至今都未能从体制机制上解决这一矛盾，乔布斯和马斯克也或多或少受到这一问题的困扰。华为模式不仅较好地解决了这一问题，还充分体现了“按知分配”原则，可以说代表了全球企业发展的未来，这一点恐怕也是美国所不能容忍的。不仅国企改革存量参照淡马锡模式，增量适度引入华为模式应为主要方向，民企向华为模式转变，同样会在市场竞争中有更多机会进一步发展壮大。这也就带出另外一个问题，国内很多学者一听到国有或集体所有就贴上落后和走回头路的标签是完全错误的，问题在产权和市场机制，而不在所有制形式，况且华为本身也并非私有，而是“共有模式”，学者应更多在此领域加以深入探讨，才更有助于我国深化改革，并进一步破除体制机制障碍，而不是唯西方理论马首是瞻。此外，5G 和人工智能等新兴技术发展将带来人类社会经济结构的重大改变，“日本超智能社会 5.0”和“投资欧洲：建设智能城市与地区”等所提出的发展理念更值得关注与研究。

最后一个问题是中国的改革要如何深化。2018 年底的中央经济工作会议再次重申了十八届三中全会和四中全会决议的精神，使我们更有理由相信中国必将继续沿着“十九大”所绘就的蓝图努力前行，只要成功跨越中等收入陷阱，避免塔西陀陷阱、金德尔柏格陷阱，以及修昔底德陷阱的困扰，中国的发展前景也将更加光明。

第十四章　2019 年股市分析与展望

2018 年度的股市运行的基本特点是股价持续下跌，估值创历史新低。导致股市低迷的主要原因有三点：一是上市公司债务违约及财务欺诈事件增加，二是股市投资者及上市公司股东的杠杆资金爆仓案例批量出现，三是资管新规导致进入股市的新增资金减少。展望 2019 年，股市仍将处在艰难寻底的过程中，估值体系正在重构，风险逐渐释放，投资者需要耐心等待投资机会。

一、对上一年度预测的回顾与检讨

在分析 2018 年度股市运行特点之前，我们有必要简要回顾一下上一年度关于股市的预测。

2017 年末，券商及其他机构对 2018 年度的股市预测比较一致，认为“蓝筹股牛市持续”，在支持蓝筹股牛市的诸多理由中，有几种观点颇有代表性：一种观点认为，随着中国居民消费水平的提高，消费升级将是中国经济的主旋律，因此，市场还专门推出了所谓的“消费升级概念股”；另外一种类似的观点认为，随着大国崛起，国内的行业龙头公司必将成为世界龙头公司，可以获得超额收益，因此，蓝筹股上市公司必将崛起，蓝筹股将持续牛市。甚至有人认为从 2017 年中已经开启了一轮“新周期”，在新的上升周期影响下，股市已经开启了一轮新牛市。

“蓝筹股牛市”在 2017 年度末和 2018 年初获得了市场的广泛认同。2018 年 1 月 16 日，“兴全合宜”基金销售全天销售突破了 300 亿元。

该基金的投资标的就是蓝筹股，单日销售 300 亿元成为市场对 2018 年蓝筹股牛市预期的最好证明。

在《2018 年度金融发展报告》里，我们对 2018 年股市的预测与市场的主流预期有较大差异，我们的观点是："蓝筹股盛极而衰，中小创否极泰来。"

市场的实际走势与众多机构年初的估计正好相反，但我们的预测也只有一半是正确的，"蓝筹股盛极而衰"得到了验证，"中小创否极泰来"并没有成为事实。

"蓝筹股盛极而衰"是 2018 年度股市的典型特征。2017 年第四季度，蓝筹股延续着之前的上涨趋势，上证 50 指数在该季度上涨了 7.04%。在 2018 年初，蓝筹股得到市场高度认同，在以银行、保险为代表的蓝筹股带领下上证指数 50 指数出现快速上涨的势头，在 1 月份上涨 9%，这是该指数自 2016 年 4 月之后最大月度上涨幅度。从 2018 年 2 月开始，市场出现重大转折，蓝筹股集体出现下跌，上证 50 指数在 2 月下跌了 7.6%，在 2 月的最大下跌幅度达到了 15%。并且，从 2 月开始，主要指数便一路下跌，期间几乎没有像样的反弹。因此，对蓝筹股而言，以"盛极而衰"来描述是适合的，这符合我们的预测。

尽管我们在上一个年度报告里预测的"中小创否极泰来"并没有成为现实，但是在 2018 年 2 月和 3 月，市场一度出现了中小市值的指数强于蓝筹股指数的情形。2 月和 3 月，上证 50 指数分别下跌 8% 和 5%，而创业板指数却分别上涨 1% 和 8%。但 4 月之后，以美国制裁上市公司"中兴通讯"为标志，中美贸易争端加剧，以及金融去杠杆政策的作用，所有股票均出现较大幅度下跌，6 月之后市场走弱。

二、2018 年度股市运行的特点：持续下跌，估值创新低

（一）股市运行的主要特征是持续下跌

从 2017 年 11 月初至 2018 年 10 月底，所有指数均下跌，期间没有

超过7%以上幅度的反弹。上证综合指数期间累计下跌了23.3%，中小板指数下跌36.1%，创业板指数下跌31.8%，上证50指数下跌12.2%，沪深300指数下跌21.3%。从下跌幅度比较看，上证50指数的下跌幅度最小，原因是银行业的指数在期间几乎没有下跌，从板块指数看，银行板块的指数期间从1815点至1807点，微跌0.4%。

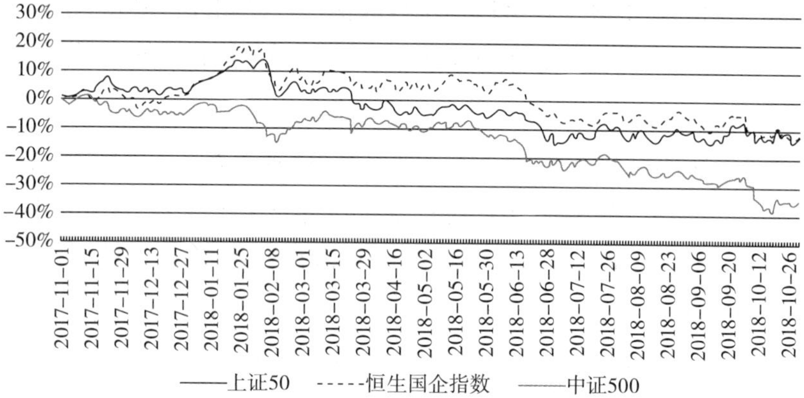

图14－1　国内股市的主要指数比较

值得一提的是，10月11日，上海综合指数跌破2638点，该点位是上证综合指数在2016年初熔断机制实施期间创下的最低点位。股市再次击穿该点位后投资者出现了一定程度的恐慌情绪，当日股指大跌超过5%，10月19日股指下跌到2449点，在一系列政策刺激下，股市投资者的情绪暂时得到稳定。

从行业指数看，跌幅最小的是银行分类指数，期间银行分类指数只下跌5%（参见表14－1），银行股指数下跌幅度小有很多因素所致，其一是因为银行类股票的估值在所有上市公司中是最低的，平均市盈率在6倍左右，市净率大多数在1倍以下，而且盈利水平并没有出现大幅度恶化的迹象，迄今为止仍然保持盈利的增长在10%左右。其二是银行类股票的股东不存在股权质押的风险，银行业的股东都有准入资格限制，资金实力都比较雄厚，在此轮股权质押风险暴露过程中，银行类上市公司的股东较少出现风险，银行类股票中较少出现因强制平仓而导致的股价冲击。

表 14－1　上涨幅度最大的五个行业及下跌幅度最大的五个行业指数

代码	行业名称	区间涨跌幅（%）
801780. SI	银行	－5. 45
801040. SI	钢铁	－16. 41
801210. SI	休闲服务	－18. 00
801790. SI	非银金融	－20. 43
801120. SI	食品饮料	－21. 11
801130. SI	纺织服装	－40. 99
801140. SI	轻工制造	－42. 84
801760. SI	传媒	－43. 92
801080. SI	电子	－44. 45
801230. SI	综合	－49. 07

资料来源：Wind 资讯。

对市场冲击较大的事件除了股权质押风险暴露（参见后面的分析）之外，以医药、汽车、白色家电及食品饮料为代表的大消费概念股的盈利高增长被证伪，对市场信心冲击较大。与居民消费有关的产业在过去几年里表现为一直稳定增长态势，每个细分行业里的龙头公司业绩增长都超过行业平均水平，涌现了一批与居民消费有关的龙头公司，这些公司的股票持续慢牛走势，如：格力电器、美的集团、上海汽车、贵州茅台、五粮液、恒瑞医药、片仔癀、中兴通讯、海康威视等，在 2018 年初，市场预期这个趋势会持续并加强，以投资蓝筹股为标的的基金热销就是这种预期的最有力的诠释。

但 2018 年的经济运行结果是居民消费逐月下滑，与市场预期出现了较大的反差，汽车及耐用消费品销售出现不同程度的下滑，这意味着股市投资的所谓“消费升级概念”被证伪。受此影响，上半年医药生物和电子类指数分别出现了 25% 和 28% 的跌幅，下半年计算机、白色家电、食品饮料等消费蓝筹股比较集中的行业均出现 30% 的下跌。市场称之为蓝筹股补跌。

期间，上市公司“中兴通讯”在 2018 年 4 月 17 日发布了停牌公告：由于美国商务部工业与安全局激活拒绝令，经中兴通讯股份有限公司（以下简称“本公司”）向深圳证券交易所申请，本公司 A 股股份（简称：中兴通讯，代码：000063）自 2018 年 4 月 17 日开市起停牌。这标志着中美贸易摩擦开始升级。如此相关的电子消费类股票均出现较大幅度的下跌，中兴通讯的股价在 6 月初复牌后出现了 8 个跌停板，股价从 30 元左右下跌到 13 元左右。海康威视的股价则从年初的 40 元左右下跌到期末的 24 元附近，下跌近 50%。

（二）估值水平创历史新低

对于中小市值的股票而言，自 2015 年 6 月之后股价已经连续下跌三年多时间，很多股票的价格已经跌到了 2014 年股价上涨之前的水平，估值水平不断创新低。

为了剔除少数股票对平均估值的影响，我们以估值中位数来衡量市场估值的变化。沪深两市的所有股票的估值中位数在 2018 年初已经接近历史低位（历史低点大约是 PE32 倍左右），上一次市场运行到此估值低位的时间是 2014 年初，对应的上证综合指数大约是 2000 点。随着市场的持续快速下跌，估值中位数不断下行，至 2018 年第三季度末已经跌至 23 左右，比历史低位下跌了 28%，即 2018 年第三季度末的估值水平已经比四年前（对应上证综指 2000 点）下跌了近三成。如图 14－2。

值得一提的是，估值中位数（PE）在 2015 年 5 月曾经创 80 倍高位，随后一路下跌，到 2018 年第三季度末已经累计下跌了 71%。这一方面说明三年前的高位确实太高，另外一方面也说明最近三年的股市下跌幅度也确实太大。如果说 2014 年至 2015 年的股市上涨是“人造牛市”的话，那么，如今的股市下跌及衍生的风险就是为曾经的错误买单，无论是投资者还是上市公司都不幸成为买单者。

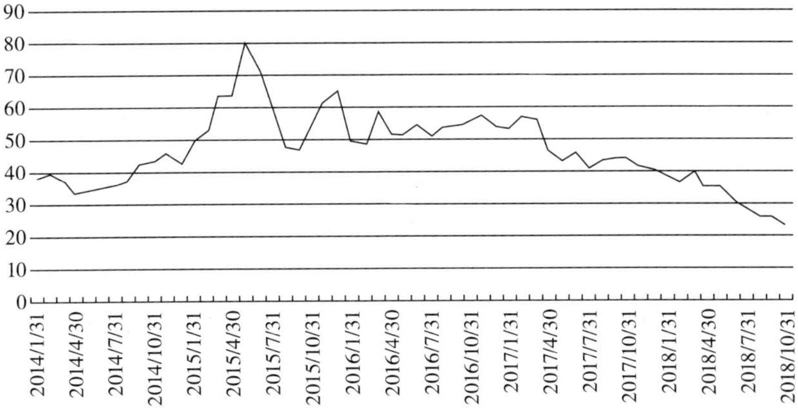

图 14－2　沪深两市市盈率的中位数变动（月度数据）

资料来源：Wind 资讯，由中国社会科学院金融所处理。

从历史比较看，上证综合指数在期间低点 2449（对应的时间是 2018 年 10 月 19 日），对应的估值水平已经接近或低于历史上几个重要的低点对应的估值水平，如表 14－2 所示。

表 14－2　股市在重要历史低点附近对应的估值水平

项目	1996－01－19	2005－06－06	2008－10－28	2013－06－25	2018－10－19
上证综指点位	512	998	1664	1849	2449
PE（TTM，倍）	16. 6	18. 4	13. 8	11. 5	11. 5
破净率（LR）	17/276（6. 16%）	199/1298（15. 33%）	212/1567（13. 53%）	176/2450（7. 18%）	495/3554（13. 93%）
日均换手率（%）	0. 90	0. 79	1. 12	0. 48	0. 49

资料来源：Wind 资讯，由中国社会科学院金融所处理。

三、影响股市运行的主要因素分析

（一）债务违约及财务欺诈事件频出，打击投资者信心

2018 年度上市公司出现了多起债务违约事件；有少数公司公布了超过市场预期的成绩单，出现巨额亏损；有些公司涉嫌财务欺诈。这些

事件或现象对投资者的信心影响较大。

典型的案例是“乐视网”，该公司上市之后一直是市场关注的互联网行业的龙头，2015 年 5 月该公司的市值曾达到 1500 亿元，曾经是创业板市场市值最大的股票。该公司的实际控制人贾跃亭从 2017 年初开始就一直滞留在美国，并出现大量债务违约。该公司公告 2017 年度亏损超过了 110 亿元，而该公司自上市以来没有亏损纪录，如此巨大的亏损挑战了市场的心理承受力。该公司股票从 2017 年 4 月初开始停牌，直到 2018 年 1 月 24 日公布年报后复牌，复牌后出现连续 12 个跌停板，至期末该股票价格一直在 3 元左右徘徊，市值在 100 亿元左右。

债务违约是本年度突出的现象。在众多的债务违约案件中，规模较大的典型案例有：永泰能源（证券代码：600701），至期末，永泰能源已违约（含实质违约）的债券总数已超过 10 只，金额接近 170 亿元。神雾集团旗下有两家上市公司，分别是神雾环保（证券代码：300156）和神雾节能（证券代码：000820）有 100 多亿元的债务到期无法偿还，股票市值从最高的近 700 亿元下跌到期末 70 亿元。抚顺特钢超过 100 亿元债务构成违约，目前已经处在破产重整状态。

债务违约往往与上市公司财务欺诈、大股东股票质押爆仓等纠结在一起，债务违约事件一旦曝光，导致股价大幅度下跌，而股价的大幅度下跌又加剧资金链的断裂。

（二）部分杠杆资金爆仓导致股价恶性循环

导致 2018 年度股市出现持续下跌的内在原因是杠杆资金规模过大、杠杆资金占流通股市值的比例过高。股市里的“杠杆资金”是指股市投资者通过加杠杆购买股票的行为。如果投资者购买股票的资金是通过加杠杆融资获得，股市下跌就会引起强制平仓的风险，在市场较弱的背景下，一旦有强制平仓的股票卖出，就会引起股价的较大幅度的下跌。更重要的是，强制平仓后投资者将血本无归，如果资金规模较大的法人机构遭到强制平仓，就会产生风险外溢，甚至引发股市的系统性风险。

2018 年度，股市里的杠杆资金大致有以下三类：

第一类杠杆资金源于交易所融资融券。2015 年股灾后，融资融券风控制度臻于完善，规模相对稳定。2018 年上半年融资融券规模维持在 8500 亿元左右，随着近日股价快速下跌，部分账户被强制平仓，2018 年下半年融资融券的规模基本稳定在 7000 亿元左右。交易所融资融券总体规模不大，风险相对分散。

第二类杠杆资金源于上市公司股权质押融资。2014 年质押式回购交易余额大约 2 万亿元，2015 年快速增长到 5 万亿元，2017 年末余额约 6 万亿元。截至 2018 年 11 月 23 日，质押的股票市值是 4.55 万亿元，占 A 股总市值的比例为 10.07%，其中，已达平仓线的占 21.80%，已达预警线未达平仓线的占 9.41%（该资料来源于中国证券登记公司）。

股价下跌加速上市公司股权质押融资爆仓，爆仓引起股价进一步下跌，形成恶性循环。以创业板市场为例，2018 年 6 月创业板指数下跌 7.9%，7 月下跌 2.8%，8 月下跌 8.1%，10 月前 9 个交易日下跌了近 15%，创业板指数在不到四个月时间里就下跌了近 30%，中小板市场与创业板市场类似。在 2018 年下半年，在监管部门窗口指导下，券商对已经爆仓的股权质押采取强制平仓处置的力度放缓，减缓了质押股权强制平仓，但股价下跌风险并未得到根本抑制，只是风险由上市公司转嫁到了券商。

第三类杠杆资金源于上市公司信托或理财账户。这类资金通过上市公司定增进入股市，或通过私募基金由信托通道进入二级市场。2014 年，投资者开始利用信托产品分级设计进行场外配资，银行等机构提供优先级资金分享固定收益，股市投资者提供劣后资金获取风险回报。通常参与定向增发的资金杠杆高达 1 倍，部分超过 3 倍以上。2015—2017 年，上市公司再融资合计规模为 4.18 万亿元，保守估计杠杆资金规模超过 1.5 万亿元，共涉及 2100 多家上市公司。随着股价持续下跌，已经有近1000家上市公司的股价已经跌破或接近跌破定向增发的价格，如果股价不能回升，定增资金爆仓风险增加，将会进一步加剧股价下跌。

以我们观察分析的期间（2017年11月至2018年10月底）为例，合计有306家上市公司的定增股份上市，其中的240家公司的股价跌破了定向增发的发行价（简称“破发”），涉及资金共计5697亿元，定增破发率超78%。

当前股市各类杠杆资金规模在4万亿元左右，占股市流通市值比例超过10%，接近2015年股灾前杠杆资金占流通股市值的比例。股灾后杠杆资金并没有汲取教训，而是换了马甲卷土重来，根本原因与金融监管的宽松环境有关，银行及影子银行资金可以无障碍地进入股票市场。

（三）资管新规导致股市二级市场资金失衡

杠杆资金规模过大、杠杆资金占流通市值比例过高只是股市的潜在风险，让潜在风险演变为真实风险的原因是2017年度中小市值股票的持续大幅度下跌。2018年4月27日颁布实施的《关于规范金融机构资产管理业务的指导意见》（以下简称《资管新规》）加剧了股市“多米诺骨牌”效应，因为该制度使得股市的资金平衡进一步恶化。

在金融去杠杆政策影响下，股市资金被动撤出，加速了杠杆资金风险暴露。以《资管新规》的第20条规定为例，该条款规定四种产品不得进行份额分级：①公募产品；②开放式私募产品；③投资于单一投资标的私募产品（投资比例超过50%即视为单一）；④投资债券、股票等标准化资产比例超过50%的私募产品。根据该规定，股票市场曾经一度盛行的场外配资行为将难以为继。没有新的资金补给，不符合《资管新规》存量资金必须逐渐撤出股市，这类杠杆资金数以万亿计，其退出对股价形成较大压力。

四、股票市场展望

在2018年底的诸多证券公司发布的市场策略报告里，对股市的看法惊人的相似，认为市场已经处于估值历史底部，对2019年的展望自然就相对乐观。

从估值水平看，当前的A股确实已经处在历史低位。现在A股平均PE只有11倍，与2013年中的估值水平接近。2013年底上证指数从2000点左右开始启动，走出了一轮较大的行情。因此，市场预期2019年有反转行情出现。

从市场人气指标看，当前的破净率（股价跌破净资产的公司数量占全部上市公司的比例）已到14%左右，日均换手率为0.49%，这都处在历史极值附近。物极必反是自然界的规律，股市同样也遵从此法则。既然已经在历史低位，反转的概率自然是较大的。

上述推演是基于历史的数据和经验，其隐含的前提是历史会重演，用股市里的专业语言来说，就是估值体系保持不变。

本研究认为，当前的A股市场可能已经面临估值体系的重构，这是在分析和预测未来股市时特别需要关注的。影响股市估值体系的因素有以下几个方面：

货币环境出现历史性变化。从历史比较看，我们股市的估值中枢一直比发达国家高，即使在国内股价运行的低位附近，股票的估值水平也比国外成熟市场的高位要高。对此，市场有很多解释，我们认为，原因之一是货币宽松所致。中国金融市场的实际利率在大多数时候是负，压低了无风险收益率的实际值。这不仅是股市高估值的基础条件，也是楼市高估值的基础条件。

市场实际利率长期为负的原因是储蓄率一直在高位，这与人口结构有关，高储蓄对应着长期的对外贸易顺差。但这一切正在悄然出现变化。

股市里的杠杆资金出清的过程将伴随风险事件，对股市的风险偏好下降，风险溢价上升，不利于股市的估值提升。虽然有关部门已经关注到股权质押风险，并采取措施，但我们认为，已经采取的措施可以缓解上市公司大股东的短期流动性风险，但这些措施并不能减少债务，债务的数量并没有减少。

显然，这些杠杆资金的出清还需要时间等待。我们股市里可以参照的类似历史是2003年至2004年前后的证券业危机对股市的影响，当时有30多家证券公司因为债务问题被破产清算，其中包括规模最大的证券公司（南方证券公司），最大的民营公司新疆德隆也是在此期间破产倒闭的。

影响估值体系的另外一个因素是股票发行的注册制改革的推进。

中国A股市场的股票价值不仅仅取决于现金流的折现，所有的股票都包含着壳的价值，这是A股之特色。股票存在壳价值与IPO的行政管制制度有关。IPO的发行数量和节奏，甚至发行的价格都是受到严格的行政控制。2017年股票发行加速导致2017年度和2018年度中小市值股票的持续下跌。

2018年新股发行节奏有所放缓，科创板的设立将实施注册制，这将深刻影响股市的壳价值的波动。笔者将高度关注此项改革的进展及对股市的影响。

房地产市场对股市的影响需要特别关注。2018年的房地产市场虽然有一定的波动，但总体而言仍然是比较平稳的市场，全年房地产投资稳定在9%与10%之间，成为宏观经济诸多指标中最靓丽的指标之一。也正是因为房地产投资的稳中有涨，钢铁、水泥与建材等行业的上市公司才有良好的业绩表现，成为2018年稳定股市的重要因素。

但房地产市场在2018年第三季度开始出现明显的下滑趋势，住房需求在金融市场财富缩水及经济下滑影响下明显放缓，而土地供应明显增加（主要受地方财政压力加大的影响），房地产市场的供求关系已经出现逆转。

随着房价下跌趋势的形成，房地产投资将放缓，上下游产业的上市公司盈利将受到负面影响。房地产市场的逆转还将深刻影响货币传导机制，加速经济通缩化趋势。

结论与投资建议：本报告认为，2019 年的股市仍将处在艰难寻底的过程中，估值体系正在重构，风险逐渐释放，投资者需要耐心等待投资机会。

第十五章　2018 年房地产市场分析与 2019 年展望

2018 年在经济下滑、调控继续从严的背景下，房地产市场投资整体接近两位数的增速出乎市场意料，房地产企业的购地积极性二、三季度也出现快速的回升。但是受调控的影响，房地产销售面积增速低速增长，调控地区的房价涨势也在趋缓，房企资金面紧张。2019 年在经济下行压力较大的背景下，货币政策的宽松已经确定，但是房地产市场从严调控的基调不会变，房地产市场的 3.0 特征会更加明显，房地产企业的高杠杆风险犹存，集中度会进一步提升。房地产投资增速会放缓，全年在 6% 左右，房地产销售有望前低后高，房价难以大幅攀升。建议中央在房地产市场调控上以“稳”和“紧”为主，注意货币政策的溢出效应；地方应加强调控的精准性，逐步摆脱对房地产的依赖；房企应加快去杠杆和产业转型升级；房地产需求者应理性购房，对房价有理性认识，提高风险意识。

2018 年的房地产市场调控依然从严，调控地区的限售、限购制约了房地产市场成交量的扩大，房价涨幅趋缓，非限购地区的三四线及以下城市量价齐升。虽然调控城市在不断增加，但房地产投资仍保持较快增速，成为托底经济的中坚力量。在金融领域的去杠杆和严监管的影响下，房地产企业资金面全面收紧，杠杆率进一步上升。面对当前调控的继续从严和中美贸易摩擦对宏观经济的影响，未来房地产市场存在一定的不确定性。

一、2018 年严厉调控下的房地产市场走势出乎意料

2018 年在经济下行压力较大、中央对于调控仍然没有放松的背景下，房地产投资增速大大出乎市场预期，市场价格也没有明显的下行。随着中美贸易摩擦负面影响的加深，让市场对于房地产调控政策产生幻想，7 月底中央政治局会议强调“坚决遏制房价上涨”打破了市场幻想，房地产调控的长期性不容置疑。

（一）中央定调调控政策不放松，地方大力落实主体责任

2018 年以来，房地产政策调控进入了一个新的阶段，除了继续通过限购限贷等措施抑制非理性需求外，重点是要求各地根据市场情况加强供给，调整中长期供给结构。整个上半年中央虽未明确对房地产市场表态，但是各地为落实地方主体责任，政策密集出台，全国累计出台 450 次调控措施，调控频次刷新历史调控纪录。各部委为落实“房住不炒”的理念也在积极加大政策供给。5 月份住建部明确要求一线、二线城市要在年底前编制完成 2018 年至 2022 年住房发展规划，增加有效供给，提高中低价位、中小套型普通商品住房供应比例，大幅增加租赁住房、共有产权住房用地供应，在新增住房用地供应中的比例达到 50% 以上。为配合住房供给，尤其是租赁性住房的供给，在资金层面加快制度建设，4 月 25 日，中国证监会和住房城乡建设部联合发布《关于推进住房租赁资产证券化相关工作的通知》，明确了住房租赁资产证券化的基本条件和重点支持领域。同时，险资也被允许进入长租公寓市场。进入 6 月份之后，中美贸易摩擦影响不断加深，经济下行压力不断加大，就在市场观望调控政策是否会出现松动之时，7 月 31 日，中央政治局会议发出最强楼市调控信号：坚决遏制房价上涨。从“遏制房价过快上涨”，到“坚决遏制房价上涨”，几字之差，但态度比以往任何一次都要坚决，彻底稳定了市场预期。

(二)房地产投资仍保持较高增速,房企拿地由积极转向放缓

2018 年以来,虽然房地产市场及金融市场仍处于严格调控之下,但是房地产投资和房地产企业拿地的积极性有点超乎市场预期。1—10 月全国房地产开发投资 110083 亿元,同比名义增长 9.7%(见图 15-1),增速比上年同期高 2.2 个百分点。其中,住宅投资 75147.88 亿元,增长 13.6%,增速比上年同期高 4.2 个百分点。住宅投资占房地产开发投资的比重为 70.9%,比上年同期高 2.5 个百分点。从区域来看,东部地区同比增长 11.3%,中部地区增长 5.9%,西部地区增长 8.2%,东北地区增长 16.2%。从目前趋势看,投资增速有趋稳回落趋势,预计全年房地产及住宅开发投资增速分别为 9.5% 和 13.4%。

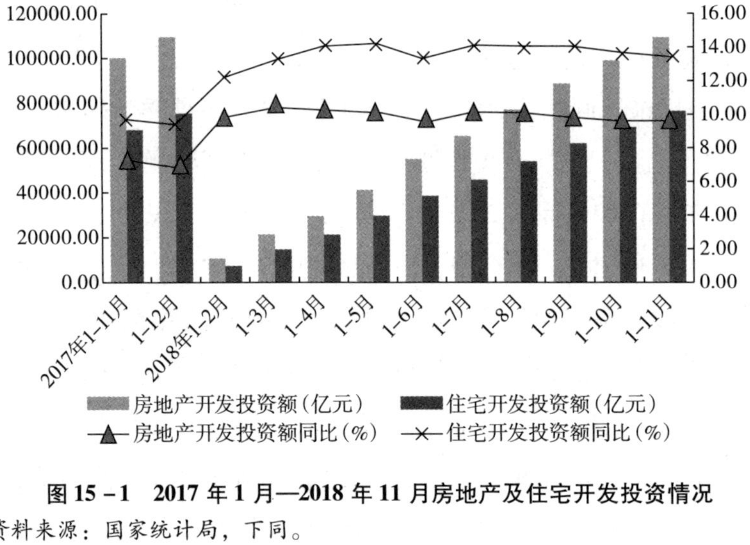

图 15-1 2017 年 1 月—2018 年 11 月房地产及住宅开发投资情况

资料来源:国家统计局,下同。

2018 年房地产企业土地购置积极性呈现先抑后扬特点。年初购地积极性较低,但自 5 月份开始攀升。1—11 月土地购置面积 25326 万平方米,同比增长 14.3%,比上年同期低 2 个百分点(见图 15-2)。主要是 731 政治局会议后,房地产市场预期有所改变,开发企业拿地放缓,土地市场流拍增多。与 2017 年四季度土地购置增速加快形成鲜明

对比，预计全年土地购置面积增速在13%左右，增速低于2017年。

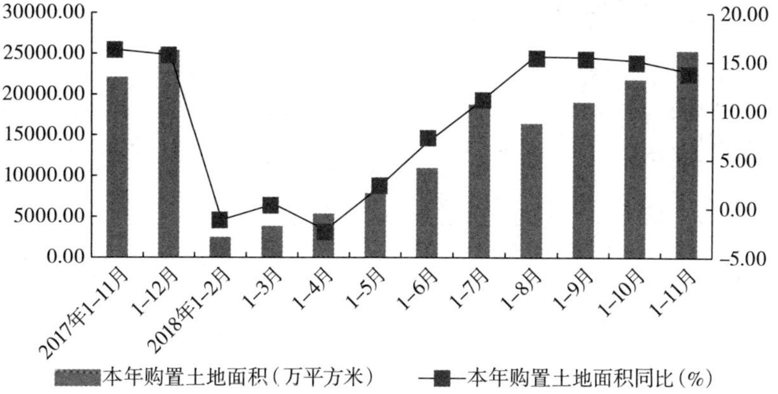

图15－2　2017年1月—2018年11月全国土地购置面积情况

（三）房地产销售增速趋缓，房价涨幅开始回落

2018年以来，受调控和上年同期基数较高影响，商品房和住宅销售增速都下滑较快，但地区差异较大。1—11月，商品房销售面积148604万平方米，同比增长1.4%，增速比上年同期低6.5个百分点；住宅销售面积增长2.1%，增速比上年同期低3.3个百分点（见图15－3）。分区域来看，东部地区商品房销售面积同比下降5.1个百分点，中部地区增长7.9个百分点，西部地区增长6.6个百分点，东北地区下降4.4个百分点。东部地区受调控影响销售面积下降明显，东北地区受经济增速缓慢和人口流出影响较大。四季度，销售面积增速逐月下滑趋势明显，全年商品房销售面积的增速有可能低于1%。

截至2018年11月，本轮房地产市场价格整体仍呈上涨趋势，但是涨幅区域和房屋类型的回落差异较大。根据统计局70个大中城市商品住宅销售价格变动情况统计数据来看，1—11月，一线城市新建商品住宅销售价格平均同比上涨0.3%，涨幅比上年同期回落10.6个百分点；二手住宅销售价格平均同比上涨0.7%，涨幅比上年同期回落12.1个百分点。二、三线城市新建商品住宅销售价格平均同比分别上涨7.2%和

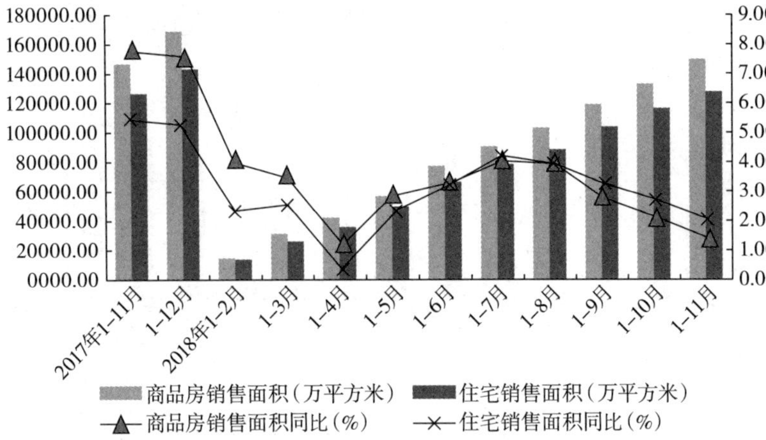

图 15－3　2017 年 1 月—2018 年 11 月全国商品房及住宅销售情况

7.6%，涨幅比上年同期分别回落 2.2 和 0.3 个百分点；二手住宅销售价格平均同比分别上涨 5.6% 和 5.7%，其中二线城市涨幅比上年同期回落 2.6 个百分点，而三线城市涨幅比上年同期扩大 0.3 个百分点。而且，15 个热点城市新建商品住宅销售价格环比上涨的城市个数在减少。可见，调控对房地产市场价格有明显的抑制作用，随着政策的不放松，四季度无论是新建还是二手商品住宅增速还会有回落，热点城市新建商品住宅销售价格环比上涨个数还会增加。

（四）国房景气指数先抑后扬，房企到位资金增幅回落

2018 年以来，反映房地产景气程度的国房景气指数一直在 101 点以上（100 点是最合适的景气水平，95 至 105 点之间为适度景气水平），但从趋势看，1—4 月显然是景气下滑状态，进入 5 月随着积极支持供给政策的出台带动景气上升，一直到 9 月仍处于攀升状态，9 月达到年内高点 101.99，10 月下滑 0.05 点。四季度，房地产景气指数应进一步降低，全年景气指数预计 101.8 左右。如图 15－4 所示。

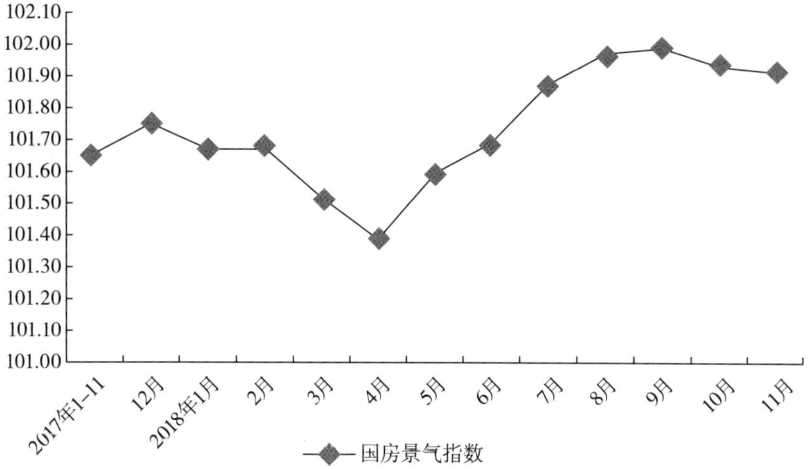

图 15－4　2017 年 1 月—2018 年 11 月国房景气指数

房企到位资金继续增长，但总体增幅有所回落，其中的订金及预付款资金、自筹资金增长提速。1—11 月，房地产开发企业到位资金 150077 亿元，同比增长 7.6%。其中，国内贷款 21807 亿元，下降 3.7%；利用外资 102 亿元，下降 30.4%；自筹资金 50619 亿元，增长 10%；定金及预收款 49551 亿元，增长 15.7%；个人按揭贷款 21420 亿元，下降 0.9%。四季度房地产企业到位资金增速仍会略有下降，全年到位资金增速在 7.5% 左右。如见图 15－5 所示。

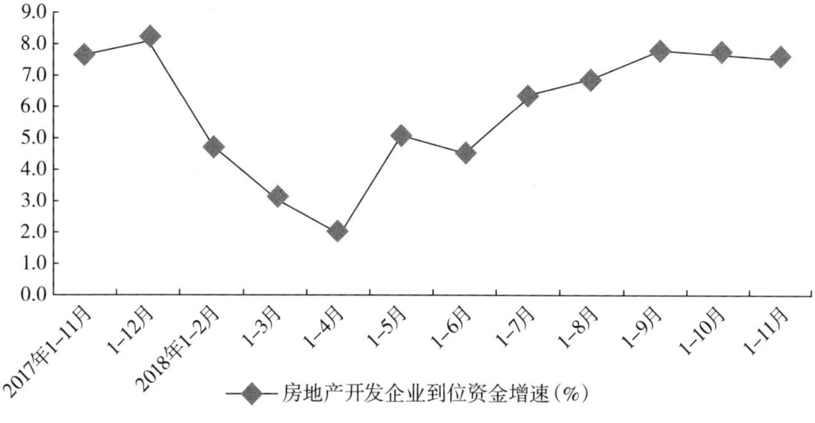

图 15－5　2017 年 1 月—2018 年 11 月全国房地产企业到位资金增速

二、2019 年房地产市场环境分析

随着2019年宏观经济的变数较大，房地产走势受宏观经济影响比以往更加密切，虽然调控不放松，但是经济下行过程中，货币政策的宽松带来的溢出效应对于房地产市场会产生积极的影响。

（一）经济下行压力加大，但中央有能力维持稳定

2018年下半年以来，随着中美贸易摩擦升级、国内信用风险频发等内外部因素影响，经济下行压力再次增大。但是，正如IMF认为的，中国有很强的经济实力，有灵活的调控措施，中国有足够的能力应对贸易摩擦带来的负面影响，维持经济稳定发展。2018年12月的中央经济工作会议对2019年经济工作进行详细部署，直面经济下行风险，更加强调防范经济风险和“六稳”。财政政策更加积极，强调大规模减税和降费。这些积极应对措施都将极大提振市场信心。因此，2019年中国经济增速会较2018年下降，但是不会下降太多，预计GDP增速为6.3%。

（二）货币政策稳健，改善货币政策的传导机制

2019年货币政策取向以稳经济为导向，实施稳健的货币政策，不同于2018年的“稳健中性”，货币宽松态势明显，但是不会出现大水漫灌的可能。中央经济工作会议并未提及去杠杆与去库存，因此“去杠杆”暂时可以告一段落，以稳杠杆为主，不排除为了稳经济可以适当加一点杠杆。央行行长易纲也说过，中国在利率政策和准备金率方面仍然有足够的空间调节。可见，2019年的货币政策的宽松度肯定高于2018年，同时，为了加强央行投放的货币能流入实体经济，还将改善货币政策的传导机制，支持小微企业与民营企业融资。

（三）房地产市场3.0特征更明显，促进租赁消费是重点

自2016年12月中旬中央经济工作会议上确立“房子是用来住的、

不是用来炒的”这一定位以来，可以说中国房地产3.0时代特征越来越明显，进一步弱化房地产的资产属性，强化其消费属性；弱化房地产对经济的拉动作用，避免社会资源过度流入房地产领域；从供给端和需求端都在降低房地产市场杠杆率，防止房地产领域的高杠杆风险；更加强化租赁市场建设。2018年，国家既加大对租赁市场的供给也加强对租赁市场的管理和机制建设，9月20日国务院下发《关于完善促进消费体制机制，进一步激发居民消费潜力的若干意见》，在居住消费方面指出要大力发展住房租赁市场特别是长期租赁，总结推广住房租赁试点经验，加快推进住房租赁立法。可见扩大房地产租赁消费是未来的重点。

（四）房地产企业高杠杆风险犹存，集中度进一步提升

在金融领域的去杠杆和严监管下，房地产企业的资金链紧张程度上升，债务风险加剧。在近年去杠杆的背景下，不少行业的杠杆率有所下降，而房地产企业不仅没有下降，反而有走高的趋势，从2016年一季度的76.33%已涨至2018年第二季度的79.21%，增长幅度2.88个百分点，房企负债率达到历史高位。对于资产负债率高的房企，只要房价出现一定下跌，破产的几率就会大增。而对于一些依赖境外大规模融资的房企，一旦人民币汇率发生大幅下行，其偿债成本也将大幅上升。未来三年房企将出现两个偿债高峰（地产债包括了公司债、短期融资、中期票据、美元债等）：第一次小高峰集中在2018年9月—2019年10月，偿还规模约3800亿元，月均偿还额280亿元；第二次大高峰集中在2020年5月—2021年10月，偿债规模约8600亿元，月均偿还额480亿元。从短期来看，企业即将集中迈入第一个还债高峰期，在不能依靠融资的前提下，如果不能快速回笼资金解决流动性，房地产企业的风险随时会爆发。

随着房地产企业风险的加剧，房地产企业的集中度也会不断提升。中国指数研究院数据显示，2018年上半年共有138家房地产企业销售额超过50亿元，较上年同期增加12家；合计实现销售额49743亿元，

平均销售额361亿元，同比增长25.6%；市场份额提升15.2个百分点，达到76.4%，行业集中度进一步提升。

三、2019年房地产发展趋势预测

（一）房地产政策仍将维持从紧，地方对维持政策需保持定力

虽然经济下行的压力加大导致短期有放松政策调控的需求，但是这与中央对于房地产市场定位及房地产市场3.0时代的要求相去甚远。中国经济转向高质量发展阶段，不再需要房地产作为拉动经济的“火车头”，更不能让房地产从高科技产业、实体经济中“吸血”。因此，2019年中央房地产政策仍将以从紧为主，但只要房价不出现明显上升趋势，就难以再出台从紧的新政。中央经济工作会议对于房地产市场方面，仍旧延续“房住不炒”“构建房地产市场健康发展长效机制”的表述。但是宽松的货币政策对房地产带来一定的积极影响，尤其是随着经济下行压力加大，房地产市场在年中适度宽松可期，但是，不会出现政策的反转。整体上，2019年中央会加大力度督促地方对当前从紧房地产政策保持定力。

（二）房地产投资增速会放缓，房企拿地积极性会下滑

2019年各地政府在落实租售并举的政策上仍会加大租赁性住房建设力度。同时，2018年5月后房地产企业拿地速度加快，必然使得2019年开发力度加大。加上2019年整个金融市场的流动性可能会好于2018年，房地产投资也会受到积极影响，所以投资仍会保持一定增长。但相对2018年的高基数而言增速有较大下降可能，但不排除开发商加大开发，促进资金回笼。全年增速预计为8%左右。2019年房地产企业拿地会受到宏观经济环境和2018年四季度以来下滑趋势的影响，积极性会有所下滑，购地面积增幅会出现前低后高的态势，土地购置面积增速会显著低于2018年。

（三）房地产销售有望前低后高，房价难以大幅攀升

社会对于中央调控房地产市场决心的认同，经济下行提升人们对于收入下降的预期，而针对房地产领域的货币政策难以松动，同时，随着棚改货币化比例的降低和市场需求自2018年四季度开始减缓，2019年上半年会继续延续弱势需求，房地产销售也会延续弱势格局，后期随着稳经济下的相对宽松，尤其是货币流动性的向好，会促进房地产销售有所上升，加上2018年较低基数的影响，2019年全年销售面积增速有望达到3%左右。房价的地区差异会更加明显，对于那些土地价格依然高企、房地产供给依然不足的一二线城市房价难以出现大幅的下行，而一些人口流入不足的区域房价会有明显的下降。鉴于房价持续上涨不仅推高了实体经济的成本，挤压了企业的利润，也削弱了居民的消费能力，降低了城市竞争力，中央对于房价控制的决心不会动摇，因此，房价难以出现大幅攀升。

（四）国房景气指数低开高走，房企到位资金增速平稳

受房地产销售和投资都可能延续2018年四季度下行趋势的影响，2019年国房景气指数会大致呈现出低开高走的趋势，但是受到房地产市场从严调控的影响，高走的幅度有限，全年指数仍将会在101～102波动。房地产企业在严厉的调控环境下，一方面会继续加快开发进度，加快周转，另一方面会根据市场环境适当减缓拿地需求，因此，房地产企业到位资金增速会比较平稳。

四、房地产市场发展的建议

（一）中央政策以“稳”为主，注意货币政策的溢出效应

经济下行压力下，中央以六稳为目标，加强宏观经济的调控。同样，对于房地产市场调控也要注意三稳：稳市场、稳价格、稳预期。稳

市场就是稳定市场的供给和需求，供给方面除了注意加大租赁性住房供给外，对于商品房供给不可大幅减少；需求的稳定仍然是以刚需为主，严控投机性需求，对于限价带来的一二手房房价倒挂的现象也应引起重视。稳房价既要坚决遏制房价的上涨，也要关注房价的大幅波动。稳定市场预期需要中央在调控敏感时期注意政策上的把握，不随便增加或者消减，因为市场往往会对中央会议对于房地产的表述有过度解读。同时，货币政策在保持流动性合理充裕、维持宽松格局的情况下，一定要注意定向宽松，防止货币政策对房地产的溢出效应，杜绝宽松的资金流入房地产市场带来房价的攀升。

（二）地方应加强调控的精准性，逐步摆脱对房地产的依赖

住房 3.0 时代的一个重要特征就是调控更加注重强调地方政府的责任，因为 3.0 时代的房地产市场已经严重分化，调控必须因地制宜。地方政府在中央“房住不炒”的理念下，必须密切关注本地房地产市场的供需关系及库存水平，做好相应的土地供给或者约束；贯彻中央关于坚决遏制房价上涨的决定，做好房地产市场的预期引导，坚决遏制投机性的需求。同时，经过两年的严厉调控，地方政府应对前期调控的精准性进行评估，为下一阶段的房地产政策制定提供借鉴，尤其是注意防止误伤刚需，并准备好适应房地产 3.0 时代租售并举特征的政策供给，防止房地产市场出现“量”“价”的大幅波动。此外，地方政府要逐渐摒弃土地财政的思维，趁当前高质量发展之际遏制房价的攀升，为实体经济发展创造良好环境，大力加强新兴产业的发展，逐步摆脱对房地产的依赖。

（三）房地产企业应逐步降低杠杆率，加快产业转型升级

针对高杠杆可能带来的企业债券违约风险，房地产企业自身一方面要加快土地开发节奏，加快销售进度、加快资金回笼；另一方面要积极主动地加快去杠杆工作。政府应积极引导房地产企业展开并购重组，允

许合规企业发行 ABS 等债务融资工具。房地产开发企业应该加强对房地产进入 3.0 时代特征的认识，深刻意识到房地产市场调控的长期性，加快企业向专业化、规模化、品牌化方向发展，加快培育知名企业、品牌企业，组建大型企业集团，推动开发企业与物业、中介之间的合作。增强企业市场竞争力，实施多元化发展战略，实现房地产与教育、医疗、物流等跨界联合。大企业需加快开展技术创新、产品创新、管理创新，提升房地产全产业链尤其是后端服务的附加值。强化企业服务，将由产品开发向空间运营迈进，从产品开发商变身空间运营商，提升住宅品质和小区品位。

（四）房地产需求者对房价要有理性认识，加强风险意识

当前房地产市场处于较为敏感的时期，尤其是房价的走势让房地产需求者无论是刚需还是改善性需求都犹疑不决。因此，房地产需求者必须对未来房价波动有理性认识，有足够的心理预期。房价并不是只涨不跌的，市场经济环境下要有足够的契约精神，而不是出现降价后就出来闹事。在中央“房住不炒”的理念下，广大地方政府为积极落实主体责任出台了很多遏制投机的政策，但对于很多城市在调控后出现了新房价格与二手房价格倒挂的现象还是极大刺激投资者的欲望，对此，要引导投资者对房地产调控的长期性保有清醒的认识，当前行政政策的退出只会在房地产税收等长效机制建立后才有可能，当前的限售政策和房价的波动对于房地产投资者具有极大风险，投资者一定要树立风险意识。

第十六章　扩大消费：潜力、难点和政策

一、当前经济形势分析及扩大消费的必要性

当前，中国经济面临着前所未有的下行压力。首先，2018 年经济增速表现出逐渐下滑的态势。2018 年，一、二、三季度的真实 GDP 当季同比增速分别为 6.8%、6.7%、6.5%，分别较 2017 年同期下滑 0.1、0.2、0.3 个百分点。其二，价格方面，四季度价格增速突然下滑。10 月份 CPI 同比增速停止上涨，与前月持平，11 月、12 月 CPI、PPI 同比增速均出现显著的下滑。虽然年末价格增速的突然转变，与国际原油价格大幅下滑的冲击有很大关系，但也难以排除存在需求收缩的可能。因为进出口、消费等相关指标也都同时出现了下滑。其三，其他实体经济数据也都出现了明显的变化。一方面，制造业 PMI 指数、消费增速、进出口增速等分别从 9 月、10 月、11 月开始出现下滑，反映出需求收缩的迹象；另一方面，2018 年以来，基建投资增速持续下滑，2 月份基建投资累计同比增长 16.1%，到 10 月份已经降到 3.7%。

国际经济形势也不乐观，而且这种不乐观是一个长期现象，不是一朝一夕就会过去的。贸易摩擦无疑是 2018 年出现并将持续存在若干年的最大的“灰犀牛”。很多人将当前的中美贸易摩擦视为“黑天鹅”事件，其实不是，因为它符合“灰犀牛”的所有特征：大概率，常被提起但又被忽视的风险。

为什么说中美贸易摩擦是“灰犀牛”呢？因为我们一直认为，当

前世界经济缺乏好的产品创新，缺乏产品创新全球总需求就不能继续增长。在既定的产品需求下，全球各国为了自身的利益只能争抢蛋糕，这才是当前贸易争端的本质原因。这是有规律的、可预期到又被忽视了的大概率事件，当然也就是“灰犀牛”事件。因此，中美贸易问题其实只是全球经济问题的冰山一角。没有有分量的科技创新，即便中美贸易紧张关系得到缓解，也只是暂时的。对于贸易问题，我们不能局限于眼前的贸易摩擦，应该意识到它的常态化、全球化。

一方面，中国国内缺乏好的投资机会，投资需求难以大幅扩张；另一方面，没有产品创新，外贸摩擦存在愈演愈烈的可能，外需也存在很大的不确定性。拉动经济增长的三驾马车中两驾都在下滑。可见，要想“稳增长”，就只剩下一条路，就是扩大消费。

二、中国经济具有巨大的消费潜力

从历史经验来看，靠“扩大消费”拉动经济增长也是一种趋势。欧美等发达国家也都是先靠粗放式生产、投资拉动经济增长，当经济发展到一定阶段后，消费开始逐渐替代投资成为拉动经济的主要动力也是一种必然的趋势。

按照世界银行分类，人均国民收入在 3896 美元至 12055 美元之间为中等偏上收入国家。根据国家统计局公布的数据显示，2014 年中国人均国民收入为 7400 美元，已经属于中等偏上收入国家了。2018 年 4 月份，在一季度国民经济运行情况发布会上，国家统计局国民经济综合统计司司长、新闻发言人邢志宏指出，2017 年中国人均 GDP 接近 9000 美元，中国已经进入了上中等收入国家的行列。

但是，这个数字也说明，中国距离发达国家的平均水平还有相当大的距离。因此，只要假定中国老百姓的生活水平能赶上发达国家的平均水平，那就意味着中国扩大消费的空间非常大。因此，从需求一边看，中国扩大内需的空间是很大的，在产能过剩的大背景下，这就是中国经济增长的空间。收入和消费之间是互相促进的，因此，对于中国来说，扩大消费的空间就是经济增长的空间，经济增长的空间也就是扩大消费的空间，关键是如何在二者之间形成这样一个良性循环，这就需要适当的政策。

三、中国扩大消费的难点

虽然培育国内市场、扩大消费是解决中国经济问题的根本之策，但结合中国所面临错综复杂的国内外环境来看，当前在“扩大消费，培育国内市场”方面仍然面临着一些困难。尤其体现在供求结构失衡、社保征缴方式调整、环境问题几个方面。

（一）供求结构失衡

消费随收入增长的过程同时也是消费升级的过程。随着收入的增长，虽然各国的具体消费结构的变化速度、表现形式各不相同，但总的趋势是相同的。从美国、日本、韩国的经验来看，随着人均 GDP 的增高，食品、服装、日用品等非耐用品的消费占比在下降，同时家电、汽车等耐用品的比重在上升。另外，服务消费的占比也是随着收入增长而增长的。

近些年来中国消费市场结构表现出以下三个方面变化：其一，食品、衣着消费占比下降。从 2013—2017 年城镇居民人均消费性支出占比来看，城镇居民的食品、衣着消费占比均出现了下降。2013 年城镇居民的食品、衣着消费占总消费支出比重为 30%、8%，到了 2017 年则分别降为 29%、7%。其二，居住、服务消费占比上涨。其中，医疗保健、交通和通信、教育文化娱乐服务、其他商品和服务的消费记作服务消费。2014 年，城镇居民居住、服务消费占城镇居民人均消费性支出分别为 22%、33%，到了 2017 年分别涨到 23%、35%。具体来看，居住、医疗保健、教育文化娱乐服务消费占比上涨相对明显，交通和通信消费占比波动相对稳定。其三，代表耐用品的家庭设备用品及服务消费占比，在近些年几乎没有变动。

从 2013 年到 2017 年，中国城镇居民人均可支配收入从 26955 元人民币涨到 36396 元人民币，增长 35%。综上可见，中国消费结构的变化基本上与国际惯例相符，都是随着收入的增长，一边基本生理需求消费在下降，另一边改善性消费比重在上涨。

这就要求中国的产业结构能跟上消费需求结构的变化。中国消费者在国外大举购物反映的就是中国产业结构和消费需求结构的失衡。

（二）社保征缴方式的调整不利于扩大消费

2018 年 7 月中共中央办公厅、国务院办公厅印发了《国税地税征管体制改革方案》（以下简称《方案》）明确指出，自 2019 年 1 月 1 日起，基本养老保险费、基本医疗保险费、失业保险费、工伤保险费、生育保险费等各项社会保险费交由税务部门统一征收。真可谓是一石激起千层浪。《方案》一出，立即引发了社会各界的关注。大家的普遍共识是社保征缴的改革将增加企业的成本，与给企业减税降负相悖。

其实《方案》除了增加企业的成本外，对消费、价格均存在较大的影响。

《方案》对消费的影响有三个途径：其一，通过居民可支配收入对消费需求产生直接影响；其二，通过对供给端引致对就业前景产生影响，间接影响消费；其三，通过对供给端影响价格，进一步影响消费。

目前许多企业没有足额缴纳社保费用。我们通过对 3537 家 A 股上市公司的数据（剔除异常数据后）整理发现，只有 134 家公司按正规程序给员工缴纳社会保险，占比不到全部 A 股公司的 4%。上市公司是相对正规、优质的公司。可见，如果方案认真执行，全国受其影响的企业、员工的波及面之广。

如果按工资比例足额上缴社保费用，对于员工来说，将会降低其当前可支配收入，影响其即期消费，不利于当前的扩大消费。对于企业来说，按比例来算，企业的成本也会明显增加，利润显著下滑。很有可能导致部分企业破产关门或大裁员。这一方面，导致失业率的上升，就业、收入的不稳定将直接影响居民的消费；另一方面，无论是大裁员还是企业关门倒闭，都将导致供给减少，物价上涨，消费者的实际收入减少，抑制消费。

（三）环境问题

当前环境问题是制约经济发展的主要问题之一。一方面，提高环保要求抑制供给，直接压低经济增速；另一方面，环保限产用力过猛，导致原材料价格大幅上涨，不利于经济的发展。但环保力度稍有放开，环境问题就会随之而来。2018 年入冬以来，环保力度弱于上年同期，这虽然让前期高涨的原材料价格增速有所下降，但我们明显感到雾霾来得更频繁也更重了。

四、政策建议

扩大消费是中国经济的一个长期任务。因此，从长期看，中国应该在经济增长和扩大消费之间形成一个良性循环。首先，中国应该设法提高居民可支配收入在 GDP 中的比例；其次，需要提高分配的平均程度，从而从分配的角度提高全国的边际消费倾向；第三，要健全社会保障体系，消除老百姓的后顾之忧及生活中可能存在的不确定性，从而提高边际消费倾向。

仅就 2019 年来说，鉴于当前国内外经济形势与环境问题综合来看，2019 年宏观经济的自然走势很有可能出现“需求、供给双萎缩”的局面。因此，宏观经济政策的总体组合将是积极的财政政策配合稳中偏松的货币政策。

在促进消费的具体措施方面，按照消费结构变化的趋势、中国当前所处的历史阶段以及中央经济工作会议精神等，预计 2019 年有可能在养老、互联网、汽车方面有所推进，促进消费。其一，随着中国老年化社会的步入，养老消费需求的增长将是趋势，推进与此相关的产业、服务的发展，是为了满足日益增长的消费需求，是可行的。其二，促进电子商务的发展。当前互联网的出现促进了消费，这也是这个时代所特有的。2018 年 1—11 月全国网上零售额同比增长 24.1%，显著高于社会消费品零售总额的同比增速 9.1%。虽然，与 2017 年、2016 年相比，无论是实物网络消费还是服务网络消费其增速均出现了下滑，但网络消费仍有较大发展空间。其三，培育国内市场、补短板。预计 2019 年汽车消费会有推进。其实 2017 年八九月份，社会消费品零售总额中汽车消费的数据，已经间接地反映出汽车消费需求的刚需。

五、2019 年宏观调控中应该注意的几个问题

在当前的宏观调控中，中国应该注意以下几个问题。

第一，关注资金的流向。预计后期降准、降息、举债将是大概率事件，这些相对宽松的货币政策与积极的财政政策将会释放出大量的货币。要切实关注资金的流向问题，保证其能真正地进入实体经济，防止其流向资本市场，引发其他风险。当前，实体经济中优质的投资项目相对较少，较低收益率很难正常地吸引资金投入。因此，需要防止大量资金流向高收益率的股市、房市，催生泡沫。

第二，鼓励创业和创新。就业稳定，消费者的收入稳定了，才会去增加消费。创业和创新在当前贸易摩擦的情况下显得尤为重要。没有真正的科技创新，贸易摩擦的问题就不会得到真正的解决。集思广益，立足本国，通过创业创新培育国内市场也是一个好的解决问题的办法。

第三，注意通货膨胀风险。2018 年 12 月份 CPI 同比增长 1.9%，重回“1”时代，再次引起各界对通缩的担忧。但我们认为，综合近期形势来看，更应该关注的是“防通胀”。首先，在剔除了国际原油价格波动的影响后，12 月份的 CPI 增速并不低。还有非洲猪瘟等其他因素

的影响，但这些因素在 2019 年后期存在很大的不确定性。其次，积极的财政政策与稳健的货币政策将释放出大量的资金，对 CPI 增速的上涨会起到促进作用。2015 年下半年的频繁降息降准就导致翌年价格增速的上涨。其三，在外贸摩擦、社保征缴改革等问题下，低端供给存在快速收缩的风险，这对物价和消费市场的稳定是不利的。

第十七章　吉林省财政可持续性研究

实现地方财政可持续发展是政府财政工作的一项战略性任务。经济与财政的关系决定了在追求国民经济可持续发展的同时必须实现财政的可持续发展。然而，最近几年地方财政面临着许多困难和不利因素，尤其是地方政府债务问题，这对地方经济的可持续发展构成强大压力。本章以吉林省为例加以说明，分析了吉林省的地方政府债务问题及吉林省财政的可持续性。我们发现，吉林省面临着严峻的地方政府债务问题，财政可持续性面临极大挑战。

一、吉林省地方政府债务余额概况及预测

（一）吉林省地方政府债务余额概况

从债务余额来看，吉林省的地方政府债务余额呈不断上升之势，2017 年地方政府债务余额环比增长 10.29%。其中一般债务环比增加 276.71 亿元，专项债务增加 21.27 亿元。详见表 17－1、图 17－1。

表 17－1　吉林省地方政府债务余额及构成　　单位：亿元

年份	地方政府债务余额	一般债务	专项债务
2014	2772.59	1833.9	938.69
2015	2755.93	1911.03	844.9
2016	2895.29	2076.42	818.87
2017	3193.27	2353.13	840.14

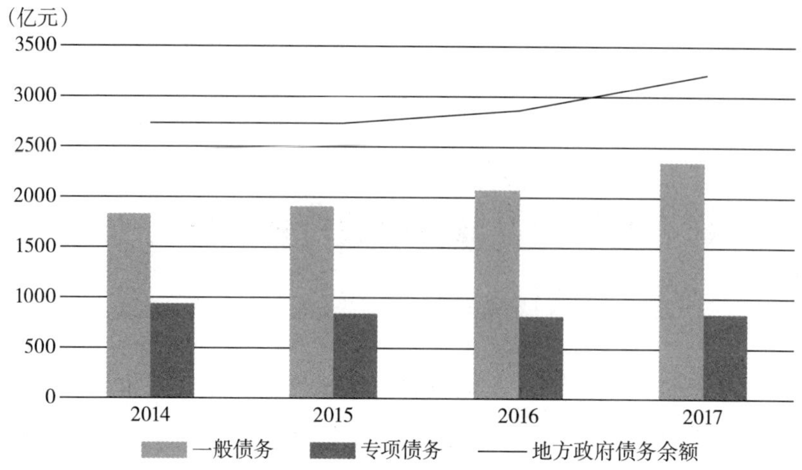

图 17－1　吉林省地方政府债务余额及构成

资料来源：吉林省各年度预算执行情况和预算草案的报告

从举债空间看，2015—2017 年末地方政府债务余额占当年其地方政府债务限额的比重均超过 85%，分别为 91.3%、87.48%、86.64%，未来举债空间较为受限。债务负担率是当年债务余额占国内生产总值的比重，反映了一个国家或地区的偿债能力，吉林省 2015—2017 年末的债务负担率分别为 19.60%、19.59%、20.89%，考虑到吉林省 2018 年 GDP 增速为 4.5%，比上年增速 5.3% 降低了 0.8 个百分点，预计 2018 年和 2019 年的债务负担率有增加的趋势。详见表 17－2。

表 17－2　吉林省债务负担率及发债空间

年份	地方政府债务余额（亿元）	地方政府债务限额（亿元）	债务余额占限额的比重（%）	GDP（亿元）	债务负担率（%）
2015	2755.93	3018.7	91.30	14063.13	19.60
2016	2895.29	3309.7	87.48	14776.80	19.59
2017	3193.27	3685.7	86.64	15288.94	20.89

资料来源：Wind，北大国民经济研究中心整理。

（二）新发行债券分析

地方政府举债主要是通过发行政府债券的方式，我们根据 Wind 数据整理了 2015—2018 年吉林省新发行地方政府债券。从总额来看，2016 年和 2017 年吉林省地方政府债券均较上年有所增长，2016 年和 2017 年发行地方债总额环比分别增加 19%、26%。2018 年较 2017 年减少 351 亿元，环比减少 44%。见表 17－3、图 17－2。

表 17－3　吉林省发行地方政府债券总额及平均票面利率

年份	吉林省发行地方政府债券总额（亿元）	平均利率（%）
2015	765.00	3.54
2016	910.18	2.97
2017	1146.40	4.00
2018	795.57	3.98

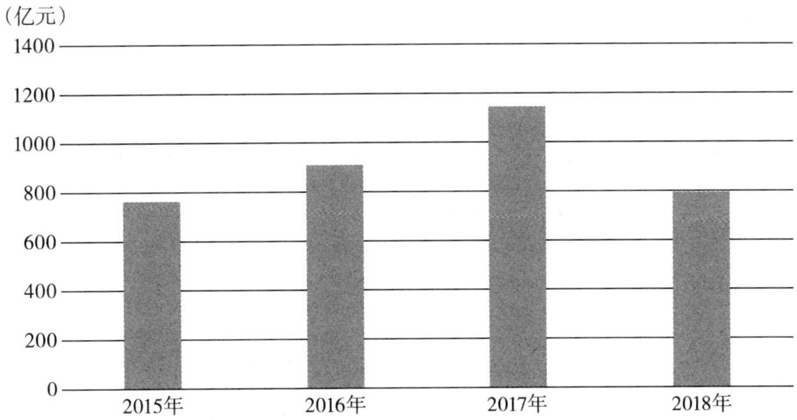

图 17－2　吉林省发行地方政府债券总额

资料来源：Wind，北大国民经济研究中心整理。

按资金用途划分地方债的发行结构，可以分为新增债券、置换债券和再融资债券（用于偿还部分到期地方政府债券本金），其中置换债券用于置换非政府债券形式的存量地方政府债务，再融资债券由财政部在《关于做好 2018 年地方政府债券发行工作的意见》（财库〔2018〕61 号）提出，并在《2018 年 4 月地方政府债券发行和债务余额情况》中首次披露。

此外，我国地方债也可分为一般债券和专项债券，前者是地方政府为了缓解资金紧张或解决临时经费不足而发行的债券，后者是地方政府为了筹集资金建设某专项具体工程而发行的债券。从吉林省每年地方债发行品种看，一般债券发行规模均占主要部分。

从发行债券的期限结构来看，2018 年发行的地方政府债券主要以 1 年期为主，实际发行 192 亿元，占比 24%；其次是 3 年期债券，占比 20%；2 年期和 7 年期次之。

从地方债发行的节奏来看，2018 年吉林省发行地方政府债券 795.57 亿元，比 2017 年同期少发行 351 亿元。2018 年以来，在监管趋严及金融去杠杆背景下，债券市场利率也有所上升，地方政府债券发行成本也在增加。2018 年吉林省发行的地方债券平均票面利率为 3.98%，与 2017 年基本持平。2018 年吉林省地方债发行规模的回落，一定程度上与债券发行成本居高不下有关。

（三）2018 年和 2019 年吉林省地方政府债务余额预测

一方面 2018 年是地方债务置换的收官之年，按财政部要求全部置换工作需在 8 月底前完成，因此上半年新增债券发行较为缓慢，8 月底置换结束以后，下半年新增债券和再融资债券将进入发行高峰。另一方面 2018 年下半年，国务院和财政部相继提出加快推行 1.35 万亿元地方政府专项债券的发行和使用进度，发挥专项债券对稳投资、扩内需、补短板的作用。上述两方面因素导致 2018 年吉林省地方政府债务余额上升。

依据 2017 年吉林省地方政府债务余额 10.29% 的环比增长趋势，预计 2018 年和 2019 年吉林省地方政府债务余额环比增速将继续上升，约为 12%，分别达到 3500 亿元左右和 3900 亿元左右。

二、吉林省财政可持续性

（一）吉林省财政现状

一般公共预算收入是指税收收入（即增值税、营业税、企业所得税、个人所得税、城市维护建设税、耕地占用税等）与非税收入的总和。一般公共预算支出是指一般公共服务、公共安全、教育、科学技术、社会保障和就业、医疗卫生与计划生育、节能保护、农林水事务等方面的支出总和。从表17－4和表17－5可以看到，从吉林省全省来说，一般公共预算支出收入比指标从2012年的两倍水平上升到2018年的3倍水平。

表17－4　2012—2018年吉林省一省九市一般公共预算收入　单位：亿元

地区	2012年	2013年	2014年	2015年	2016年	2017年	2018年
吉林省	1041.25	1156.96	1203.38	1229.35	1263.78	1210.82	1240.84
长春市	340.8	381.8	397.3	388.2	415.5	450.1	—
吉林市	119.0	140.0	131.2	132.8	135.6	105.0	—
四平市	56.6	60.6	57.9	62.3	63.4	56.6	—
辽源市	23.9	25.5	26.8	28.1	24.2	18.3	—
通化市	64.4	74.0	83.7	78.1	82.8	61.9	—
白山市	43.6	46.3	44.3	44.8	47.0	27.0	—
白城市	31.0	37.0	41.4	40.2	42.0	41.5	—
松原市	58.0	62.0	62.5	50.2	50.7	47.9	—
延边朝鲜自治州	68.2	77.6	88.0	93.3	91.5	91.5	—

资料来源：Wind，北大国民经济研究中心整理。

表17－5　2012—2018年吉林省一省九市一般公共预算支出　单位：亿元

地区	2012年	2013年	2014年	2015年	2016年	2017年	2018年
吉林省	2471.2	2744.81	2913.25	3217.1	3586.09	3725.72	3789.59
长春市	555.5	633.0	675.8	765.7	770.6	875.7	—
吉林市	284.9	327.8	327.3	366.5	380.2	401.2	—
四平市	171.7	178.5	191.4	221.1	261.3	303.8	—
辽源市	82.7	93.8	99.3	110.7	110.6	122.6	—
通化市	176.1	200.6	208.7	230.3	258.9	254.6	—
白山市	140.1	137.2	138.2	157.5	178.8	186.3	—
白城市	142.7	156.0	182.9	203.1	222.5	248.0	—
松原市	142.6	160.1	171.9	182.9	223.5	273.0	—
延边朝鲜自治州	217.0	241.1	250.0	303.9	339.1	339.1	—

资料来源：Wind，北大国民经济研究中心整理。

从支出占比的角度来看，教育、社会保障和就业、城乡社区事务、农林水事务是吉林省财政支出中占比最大的四块，占比分别达到13.93%、13.88%、10.69%和15.35%。

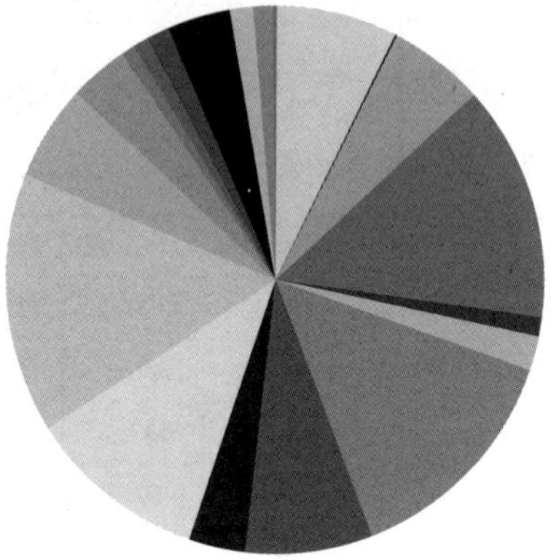

图 17 -3　吉林省 2016 年一般公共财政支出占比

资料来源：Wind，北大国民经济研究中心整理。

（二）吉林省财政增速

从增速角度来说，从 2017 年开始，吉林全省一般预算收入已经经历负增长，除了长春市保持 8.33% 的收入增速外，其他主要城市都经历了收入负增长，其中，吉林市、辽源市、通化市一般预算收入相较上年下降了 20% ~30%，白山市下降幅度更是达到 42.69%。从一般公共预算支出增速来看，除了通化市财政支出相较上年下降以外，吉林省全省和其他 8 个市都经历支出增长，其中，长春市、四平市、辽源市、白城市、松原市更是经历了支出的两位数增长。由此可见，吉林省一般预算收入与支出的差值将会进一步扩大。详见表 17 -6、表 17 -7。根据我们的预测，2019 年，吉林省的一般公共预算支出/一般公共预算收入，将进一步提高（见图 17－4），财政将面临更为严峻的偿债压力。

表 17－6　2013—2018 年吉林省一省九市一般公共预算收入增速　（%）

地区	2013 年	2014 年	2015 年	2016 年	2017 年	2018 年
吉林省	11.11	4.01	2.16	2.80	－4.19	2.5
长春市	12.04	4.06	－2.29	7.02	8.33	—
吉林市	17.59	－6.28	1.26	2.05	－22.54	—
四平市	7.03	－4.46	7.66	1.86	－10.73	—
辽源市	6.88	5.15	4.83	－13.90	－24.41	—
通化市	14.85	13.14	－6.68	5.96	－25.25	—
白山市	6.16	－4.46	1.23	4.98	－42.69	—
白城市	19.12	12.00	－2.93	4.63	－1.28	—
松原市	6.89	0.82	－19.68	1.00	－5.54	—
延边朝鲜自治州	13.81	13.37	6.06	－1.92	－0.01	—

资料来源：Wind，北大国民经济研究中心整理。

表 17－7　2013—2018 年吉林省一省九市一般公共预算支出增速　（%）

地区	2013 年	2014 年	2015 年	2016 年	2017 年	2018 年
吉林省	11.07	6.14	10.43	11.47	3.89	1.7
长春市	13.94	6.77	13.30	0.63	13.64	—
吉林市	15.04	－0.15	11.98	3.73	5.52	—
四平市	3.96	7.25	15.52	18.17	16.28	—
辽源市	13.49	5.91	11.43	－0.13	10.89	—
通化市	13.91	4.02	10.33	12.42	－1.66	—
白山市	－2.10	0.72	14.04	13.49	4.21	—
白城市	9.34	17.23	11.01	9.56	11.48	—
松原市	12.29	7.34	6.44	22.18	22.15	—
延边朝鲜自治州	11.11	3.68	21.55	11.60	0.00	—

资料来源：Wind，北大国民经济研究中心整理。

（三）2019 年吉林省一般公共财政走势及预测

根据《吉林省 2017 年预算执行情况和 2018 年预算草案的报告》，收入下降的原因是多方面的，主要是经济增长动能不足、税费政策优惠力度较大以及对收入质量进行核实等因素综合作用的结果。由于吉林省经济增速在全国位列落后水平，政府采取扩张性的财政政策本身无可厚非，从全国的角度来看，吉林省的财政赤字规模也只属于中等水平。但是我们仍然需要对政府的偿债能力多加关注。一般公共预算收入加上一般债务收入、中央补助收入、上年结余收入和调入预算稳定调节基金构成总收入，一般公共预算支出加上政府债务还本支出、补充预算稳定调节基金和结转下年支出构成总支出，维持了吉林省的收支平衡。以2017年为例，全省一般公共预算收入1210.82亿元，为调整预算的100.9%，而一般债务收入、中央补助收入、上年结余收入和调入预算稳定调节基金的收入规模达到3479.85亿元，为一般公共预算收入的3倍左右。全省一般公共预算支出3725.72亿元，为调整预算的94.1%，加上政府债务还本支出、补充预算稳定调节基金和结转下年支出等964.95亿元，支出总计4690.67亿元，全省实现财政收支平衡。吉林省财政对中央补助和发行债务的依赖性强，在全国金融去杠杆的背景下，吉林省财政保持收支平衡的前景更为严峻。

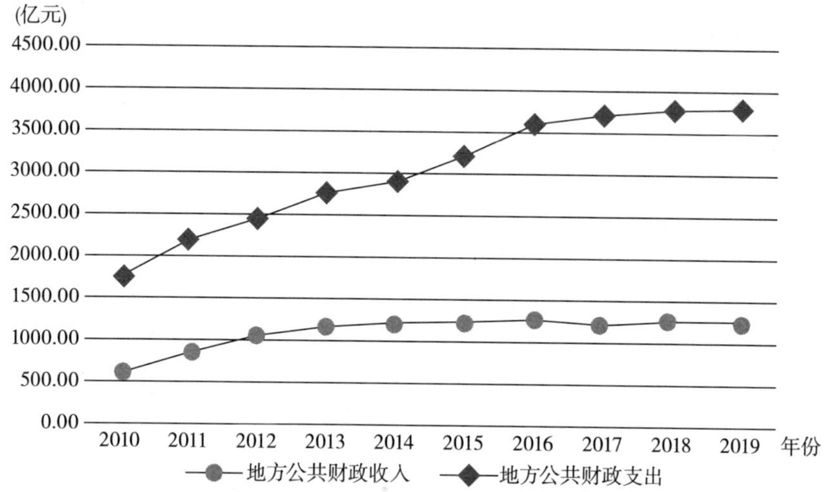

图17-4　吉林省一般公共财政走势及预测

资料来源：Wind，北大国民经济研究中心。

表 17－8　2019 年吉林省一般公共预算收入和支出预测

	一般公共预算收入（亿元）	一般公共预算支出（亿元）
2019 年预测	1230	3810

资料来源：Wind，北大国民经济研究中心。

（四）基于财政自给率的财政可持续分析

财政自给率是一般预算收入除以一般预算支出的比值，是衡量一个地区财政“自力更生程度”的指标。受中央和地方分税财政制度的影响，中央政府通过财政转移支付的方式平衡各地区的发展。财政自给率越高的地区对全国和中央财政的贡献越大，如广东、北京、上海、浙江、江苏和天津等地区的财政自给率均超过了 70%，北京和上海的财政自给率更是超过 80%。财政自给率低的省市区，基本依靠中央财政转移支持，财政自给率越低，对中央转移支付的依赖度越大。可见一旦中国宏观经济走弱，经济发达地区对经济较为落后地区的支持能力减弱，中央政府财力下降，部分地方政府就会出现财政难以持续的困境。

从 2017 年各省市区的一般公共预算收支状况看，财政自给率表现出东部地区高、中西部地区低的分布特征。其中吉林省的财政自给率在 32% 左右，也就是说，吉林省的支出中 68% 左右需要靠中央输血以及发债，一旦全国宏观经济走弱，中央财政收入增速下滑，吉林省财政就可能会出问题。而在吉林省的 9 个市中，有两个城市的财政自给率不到 15%，另有两个城市的财政自给率在 15% 到 20% 之间，财政自给率最高的城市是长春市，财政自给率也才 51%。随着宏观经济不断承压，经济发达地区的财政自给率或将出现下行压力，从而导致中央政府的财政转移支付能力受到制约，最终将严重影响到吉林省的财政可持续性。见表 17－9。

表 17－9　2017 年 31 省、市、自治区一般公共预算收支状况

省、市、自治区	财政收入（亿元）	财政支出（亿元）	财政自给率（%）
地方合计	91469.41	173228.34	52.80
北京	5430.79	6824.53	79.58
天津	2310.36	3282.54	70.38
河北	3233.83	6639.18	48.71
山西	1867.00	3756.42	49.70
内蒙古	1703.21	4529.93	37.60
辽宁	2392.77	4879.42	49.04
吉林	1210.91	3725.72	32.50
黑龙江	1243.31	4641.08	26.79
上海	6642.26	7547.62	88.00
江苏	8171.53	10621.03	76.94
浙江	5804.38	7530.32	77.08
安徽	2812.45	6203.81	45.33
福建	2809.03	4684.15	59.97
江西	2247.06	5111.47	43.96
山东	6098.63	9258.40	65.87
河南	3407.22	8215.52	41.47
湖北	3248.32	6801.26	47.76
湖南	2757.82	6869.39	40.15
广东	11320.35	15037.48	75.28
广西	1615.13	4908.55	32.90
海南	674.11	1443.97	46.68
重庆	2252.38	4336.28	51.94
四川	3577.99	8694.76	41.15
贵州	1613.84	4612.52	34.99
云南	1886.17	5712.97	33.02
西藏	185.83	1681.94	11.05
陕西	2006.69	4833.19	41.52
甘肃	815.73	3304.44	24.69
青海	246.20	1530.44	16.09
宁夏	417.59	1372.78	30.42
新疆	1466.52	4637.24	31.62

资料来源：中国统计年鉴，北大国民经济研究中心。

第十八章　深化供给侧改革，实现高质量发展

——2019 年中国企业走势前瞻

一、2018 年中国经济增长与企业经营回顾

2018 年是“十三五”规划的中期之年。中国的发展处于异常复杂严峻的国际国内环境。经济增长面临着更大的下行压力。上半年与前三季度 GDP 增长率分别为 6.8%、6.7%，分别比上年同期下降 0.1、0.2 个百分点，其中，一季度、二季度、三季度分别增长 6.8%、6.7%、6.5%。规模以上工业增加值上半年与前三季度分别增长 6.7%、6.4%，分别比上年同期下降 0.2、0.3 个百分点，工业经济的下降幅度大于宏观经济的下降幅度。与前几年一样，物价涨幅仍然处于温和区间，上半年与前三季度 CPI 分别上涨 2.0%、2.1%，涨幅比上年同期均提升 0.6 个百分点。与此同时，中国经济一直处于转型升级之中，产业发展持续升级，新旧动能不断转化。根据国家统计局公布的数据，一是从产业结构来看，服务业的主导作用进一步增强。前三季度，第三产业增加值增速比第二产业快 1.9 个百分点；占国内生产总值的比重为 53.1%，比上年同期提高 0.3 个百分点，高于第二产业 12.7 个百分点。服务业对于经济增长的贡献率达到 60.8%，比上年同期提高了 1.8 个百分点。二是新旧动能加快转换，工业继续向中高端迈进，新产业加快增长。在规模以上工业企业中，高技术产业、装备制造业、战略性新兴产业增加值的增长速度分别达到了 11.8%、8.6% 和 8.8%，分别高于整

个规模以上工业 5.4、2.2 和 2.4 个百分点；新能源汽车、光纤、智能电视等新产品产量保持较快增长，增速均超过整个规模以上工业。服务业中，1—8 月，规模以上战略性新兴服务业营业收入同比增长 15.9%，规模以上高技术服务业营业收入同比增长 14.3%，分别高于全部规模以上服务业 3.9 和 2.3 个百分点。三是从消费看，居民消费持续升级。在居民消费中，前三季度服务性消费比重为 50.2%，比上年同期提高 0.5 个百分点。在社会消费品零售中，消费升级类商品保持较快增长。其中，通讯器材类与化妆品类商品保持了两位数较快增长。全国网上零售额同比增长 27.0%。前三季度，最终消费支出对 GDP 增长的贡献率为 78.0%，比上年同期提高 14.0 个百分点。消费对中国经济增长的拉动作用进一步增强。四是就业形势良好，1—11 月，全国城镇新增就业 1293 万人，超额完成 1100 万人的全年目标。前三季度，新登记注册的企业数超过 500 万户，日均超过 1.8 万户，创业带动就业倍增效应持续显现。

2018 年 11 月 28 日，中国银行国际金融研究所在北京发布了《2019 年经济金融展望报告》。该报告认为，2018 年，受国内外环境重大变化的影响，中国经济增长稳中趋缓，总体上呈现“三降两稳”特征。报告预测，2018 年 GDP 增长 6.6% 左右，比上年回落 0.3 个百分点，CPI 上涨 2.2% 左右。12 月 12 日，中国社科院工业经济研究所期刊 *China Economist* 发布 2018 年四季度“中国经济学人热点调研”结果。本次调查发现经济学人预判经济运行总体平稳，外贸和就业形势稳中有进，通胀上行压力减小。参与调查的经济学人预判 2018 年全年经济增速为 6.5%。判断 2018 年经济增速达到或超过 6.5% 的经济学人占比超过 70%，其中，判断经济增速为 6.5% 和 6.6% 的经济学人占比最高，共占比 54%。总的来看，经过持续调整转型，2018 年的中国经济基本延续了“十三五”以来的发展态势，呈现稳中有进、结构不断优化、物价涨幅趋于温和、新增就业趋于增加的新常态。

从企业层面看，央行于2018年12月24日发布《2018年第四季度企业家问卷调查报告》。报告显示，2018年第四季度企业家宏观经济热度指数为35.4%，比上季度下降1.8个百分点，比上年同期下降3.2个百分点。其中，31.1%的企业家认为宏观经济“偏冷”，67.0%认为“正常”，1.9%认为“偏热”。经营景气指数为57.9%，比上季度提高1.0个百分点，比上年同期下降1.9个百分点。其中，27.3%的企业家认为本季企业经营状况“较好”，61.0%认为“一般”，11.6%认为“较差”。调查反映了宏观经济形势的最新走势。总的来看，在经济增长企稳与结构转型的背景下，2018年企业经营主要呈现三大特征与问题。

一是企业利润继续增长，增幅下降，利润率提高，成本继续降低。1—10月，全国规模以上工业企业利润总额增长13.6%（上年同期为23.3%），增速比1—9月减缓1.1个百分点，总体保持较快增长。其中，10月份利润增长3.6%，增速比9月份减缓0.5个百分点。从行业看，新增利润主要来源于钢铁、石油、建材、化工行业。这几个行业合计对规模以上工业企业利润增长的贡献率为75.7%。规模以上工业企业主营业务收入利润率为6.44%，同比提高0.24个百分点。规模以上工业企业每百元主营业务收入中的成本和费用合计为92.59元，同比降低0.25元；其中，每百元主营业务收入中的成本为84.27元，降低0.25元。

二是企业成本问题依然十分突出。近年来，在经济新常态下，企业转型过程中一直面临着巨大的成本压力。根据人民日报对江苏苏州和无锡、湖北武汉和宜昌、四川成都和德阳的100多家企业进行的调查，70%的企业认为，目前企业经营面临的最大困难还是各种成本偏高。在中国企业家调查系统连续数年发布的《中国企业经营者问卷跟踪调查报告》中，企业家选择比重最高的前三项困难一直是：“人工成本上升”“社保、税费负担过重”“能源、原材料成本上升”。新近对部分国内企业的调研同样显示，综合各方面信息，目前国内企业，特别是制造业企业降成本过程中还存在着用工成本难以下降、融资成本较高、制度性交易成本明显、企业内部挖潜降成本的动力不足等问题。这说明成本居高不下的趋势仍然没有实质性改变。制造业企业与实体经济感受的成本压力更甚。

三是化解过剩产能取得重要进展，但产能过剩问题依未根除。2018年4月，发改委发布《关于做好2018年重点领域化解过剩产能工作的通知》，提出科学安排2018年化解过剩产能目标任务。钢铁方面：2018年退出粗钢产能3000万吨左右，基本完成“十三五”期间压减粗钢产能1.5亿吨的上限目标任务。煤炭方面：力争化解过剩产能1.5亿吨左右，确保8亿吨左右煤炭去产能目标实现三年“大头落地”。煤电方面：淘汰关停不达标的30万千瓦以下煤电机组。截至8月中旬，中国已完成压减粗钢产能2470万吨，完成了全年3000万吨任务的八成。工信部的最新统计显示，2018年底有望提前两年完成“十三五”确定的1.5亿吨钢铁去产能上限目标。2018年以来煤炭市场去产能扎实有序推进，取得效果明显，有望提前完成去产能任务。国家统计局发布的数据显示，2018年前三季度，全国工业产能利用率为76.6%，与上年同期持平，工业产能利用率稳中有升。当然，产能过剩形势尚未得到根本扭转。工信部表示“十三五”期间去库存、去产能任务仍然艰巨，产能过剩已经成为产业转型升级的主要风险点之一。新的产能过剩又已经出现。根据公开资料不完全统计，目前全国已经建成的新能源汽车生产基地年产能超过300万辆。到2020年，各车企规划产能已接近1000万，总投资额预计将达4000亿。2018年12月，国家发改委正式发布了《汽车产业投资管理规定》，该规定将规避新能源汽车的产能过剩，并遏制投资泡沫。

二、2019年中国企业走势前瞻

2019年是实施“十三五”规划承上启下的关键之年。新近召开的中央经济工作会议提出，中国发展仍处于并将长期处于重要战略机遇期。要坚持稳中求进工作总基调，坚持新发展理念，坚持推动高质量发展，坚持以供给侧结构性改革为主线，坚持深化市场化改革，着力激发微观主体活力，创新和完善宏观调控，统筹推进稳增长、促改革、调结构、惠民生、防风险工作。展望 2019 年，中国经济仍然有望继续运行在合理区间，但经济下行压力会进一步加大。随着供给侧结构性改革不断深化，去产能、去杠杆、去库存、降成本、补短板的五大任务将稳步推进，经济发展结构不断改善，新旧动能转换持续推进，新技术对旧动能相关领域的改造与提升会日益加快，创新驱动对经济增长与结构转换的作用将更加突出，进而为新经济的扩张提供条件，实现经济的高质量增长。中国银行预测 2019 年中国经济面临的形势将更趋复杂，并预测 2019 年中国经济 GDP 增长 6.5% 左右，较 2018 年小幅放缓。中国社科院预计 2019 年全年经济增速预计在 6.4% 左右，经济增速目标有下调的可能。

对企业来说，在经济新常态下，2019 年企业经营面临的各种环境因素基本上具有连续性。有关调查显示，关于当前企业经营发展中遇到的最主要困难，企业家的选择顺序依次如下：一是成本上升导致盈利空间缩小，营业额上升，利润并未随之上升。“人工成本上升”和“社保、税费负担过重”，“原材料价格大幅波动，价格大幅波动使企业承担巨大的库存风险”，导致企业净利润增幅收窄甚至威胁到企业的生存，是中国企业发展面临的最主要困难。二是外需下降，内需不足，企业面临着订单减少的压力，同时客户对于供货价格和付款周期更加敏感。产能过剩问题更加突出，近六成企业设备利用率低于 75%，整体经营环境不容乐观，行业竞争持续加剧。三是资金紧张，销售不畅，融资渠道堵塞，库存增大，资金周转压力加大。四是节能环保责任加重，全球性环保意识的增加，为企业的可持续发展提出了新的更高要求。五是风险控制能力不足，经济调整期中国企业风险控制意识不够、能力不足、体系不全的问题日趋严峻。六是当前国内企业通过廉价劳动力带来的优势已不再明显，企业经营面临转型与挑战，管理问题普遍存在，企业缺乏好的中高层管理人员和创新型人才。这些选项充分反映了中国企业现阶段成长的主要困难。优化调整结构、持续转型升级仍然是中国企业首要的战略选择。企业在2019年的经营走势与宏观经济环境及政策层面会表现出以下六个方面特征。

（一）经营状况仍将保持稳中求进，但下行压力仍在

在新常态下，2019年企业经营走势将与2018年宏观经济走势密切相关，由于中国经济仍处于大有作为的重要战略机遇期，“稳中求进”仍然是企业发展的主旋律。在宏观经济企稳的背景下，2018年中国企业的经营业绩显著提升。国家统计局发布的工业企业财务数据显示，1—10月，全国规模以上工业企业主营业务收入利润率为6.44%，同比提高0.24个百分点。与2017年相比，2018年以来经济下行压力的加大增加了企业保持稳中求进的经营状态的难度。不同企业、行业与地区在结构调整中呈现分化趋势。2018年9月，中国社会科学院工业经济研究所发布了《中国工业经济运行夏季报告（2018）》。该报告称，2018年以来，中国工业生产超预期增长，但结构分化。西部地区工业持续走低；东北地区工业延续整体向好态势，但内部工业分化。工业投资增速下降，但结构优化。工业出口波动加剧，整体增速放缓。工业利润增速加快，但行业分化。当前，国内经济正处在结构调整的过渡期，面临不少隐忧和挑战，短期内工业企业偿债能力下降，预计中国工业未来面临较大的下行压力。

从企业家层面看，《2018年第四季度企业家问卷调查报告》反映了同样的情况。报告显示，2018年第四季度企业家信心指数为67.8%，比上季度下降3.4个百分点，比上年同期下降4.0个百分点。盈利指数为58.7%，比上季度下降0.2个百分点，比上年同期下降2.8个百分点。其中，38.5%的企业家认为比上季度“增盈或减亏”，40.5%的企业家认为“盈亏不变”，21.0%的企业家认为“增亏或减盈”。

（二）继续推进供给侧结构性改革

《"十三五"规划纲要》提出，围绕结构深度调整、振兴实体经济，推进供给侧结构性改革，培育壮大新兴产业，改造提升传统产业，加快构建创新能力强、品质服务优、协作紧密、环境友好的现代产业新体系。"十三五"以来，中国经济结构不断优化，转型升级持续加快推进。从产业经济来看，根据国家统计局的最新统计，2018 年 11 月，高技术产业、规模以上工业战略性新兴产业与装备制造业的增加值同比分别增长 10.8%、8.6%与 6.5%，均高于同期全部规模以上工业增加值的增幅，占规模以上工业的比重分别为 14.4%、19.5%与 33.9%。

新近召开的中央经济工作会议认为，中国经济运行的主要矛盾仍然是供给侧结构性的，必须坚持以供给侧结构性改革为主线不动摇。因此，供给侧结构性改革在"十三五"乃至更长时间内，都是中国经济工作的主线，更是企业经营升级的重点工作。要更多采取改革的办法，更多运用市场化、法治化手段，继续推进供给侧结构性改革，尤其要在"巩固、增强、提升、畅通"八个字上下功夫。巩固就是要巩固"三去一降一补"成果，加大破、立、降力度；增强就是要增强微观主体活力，发挥企业和企业家主观能动性，破除各类要素流动壁垒，促进正向激励和优胜劣汰；提升就是要提升产业链水平，注重利用技术创新和规模效应形成新的竞争优势，加快解决关键核心技术"卡脖子"问题，培育和发展新的产业集群；畅通就是要畅通国民经济循环，形成国内市场和生产主体、经济增长和就业扩大、金融和实体经济良性循环。应该说，供给侧结构性改革与高质量发展一脉相承。企业只有以供给侧结构性改革为主线，才能培育发展新产业、新产品、新技术、新业态，引导生产要素从效率低的地方流向效率高的地方，提高全要素生产率，向全球价值链高端迈进，实现高质量发展。

（三）坚持以创新驱动转换发展动力

2018 年 11 月，国家统计局发布了 2015—2017 年中国经济发展新动能指数。连续三年的指数分别为123.5、156.7、210.1，分别比上年增长23.5%、26.9%和34.1%，经济发展新动能指数逐年攀升，表明中国经济发展新动能加速发展壮大，未来这种动力转换的趋势还将延续，而实现动力转换要靠创新。创新驱动是供给侧改革的核心。企业应当坚持创新驱动，推进中国制造向中国创造转变。创新驱动要与企业经营、技术、管理及行业发展阶段、特点相结合。一是管理创新要与双创紧密结合。开展企业创新是“大众创业、万众创新”在企业内部创新的做法，有利于深入挖掘人的潜力，保持创新的活力。企业要加快转变管理模式，积极构建互联网+企业组织机构扁平化、虚拟化、平台化创新。真正发挥员工的价值，实现企业、员工共同发展。二是经营创新要与智能化信息技术紧密结合。企业生产经营管理的数字化、网络化、智能化已经成为一个趋势。一方面要加快实施生产装备的智能化改造，建设数字化的车间和智能工厂，不断提高产品和服务的智能化水平。另一方面要构建适应互联网时代要求的创新经营模式。经营模式创新是实现企业战略的保证与手段，是企业管理能力的综合体现。三是营销创新要与服务业制造紧密结合。当前制造业价值重心向服务领域延伸，市场以用户为导向，提供个性化用户需求及服务价值体验才能满足用户。给予用户个性化的价值体验。营造一种打动人心的价值，然后销出去。此谓互联网+IVOM创新品牌价值营销的价值法则。四是管理创新要与科技创新和商业模式创新紧密结合，协同推进。企业应推动实现国内创新要素深度融合、互补、匹配，通过技术创新不断涌现出更好的技术和装备，开发新的产品。利用管理创新完善管理规范，实现最优的效率，更好服务于新技术、新产品的开发和产业化。同时借助模式创新来优化业务模式与业务流程，创造新的价值。企业在推进管理创新的实践中，要构建三者协同的创新体系，多维度的创新融合发展，从而培育出自己核心的竞争力，推动中国制造向中国创造的转变，实现延续性、系统性、全方位高质量的发展。

（四）营商环境不断得到改善提升

营商环境直接影响国家或地区经济发展的质量和速度。世界银行的报告表明，良好的营商环境会使投资率增长 0.3%，GDP 增长率增加 0.36%。因此，推动经济发展的着力点必须由抓项目转向造环境。近年来，中央及地方政府紧紧围绕政府职能转变这个核心，简政放权、放管结合、优化服务三管齐下，营商环境逐步得到改善。2018 年政府工作报告指出，五年来，国务院部门行政审批事项削减 44%，非行政许可审批彻底终结，中央政府层面核准的企业投资项目减少 90%，行政审批中介服务事项压减 74%，职业资格许可和认定大幅减少。中央政府定价项目缩减 80%，地方政府定价项目缩减 50% 以上。全面改革工商登记、注册资本等商事制度，企业开办时间缩短 1/3 以上。世界银行《2019 年营商环境报告》显示，中国营商环境总体评价在 190 个经济体中位列 46 位，较 2018 年上升 32 位，较 2013 年上升了 50 个位次。其中开办企业便利度排名较 2018 年大幅上升 65 位，排名 28 位，五年来累计上升 130 位，中国成为营商环境改善最大经济体之一。当前中国营商环境总体向好，“放管服”等各项改革举措初现成效，但不同企业对营商环境的认同感存在明显差异，制度性交易成本仍有较大降低空间。未来要从以下方面继续改善营商环境。

（1）实施更大规模的减税降费，2018 年初，中国确定了全年减税降费 1.1 万亿元的目标，下半年又陆续出台了 1.1 万亿元减税降费之外的增量政策，预计全年减负 1.3 万亿元以上。2018 年中央经济工作会议释放出“更大规模减税降费”政策信号，预计 2019 年新一轮减税至少将不低于 1.3 万亿元。从税种看，增值税是中国的第一大税种，是减税降负的撬动点，在增值税税率三档并两档的基础上仍然有减税的空间；企业所得税税前扣除政策和优惠政策范围会进一步扩大，使企业享受普惠优惠；社保费在 2019 年税务部门全面征管社保费之后，有望进一步下调，降低企业缴费负担。

(2)继续推进放管服。自2013年《国务院机构改革和职能转变方案》实施,中国政府不断加大了推进“放管服”的力度。简政放权改革进入了一个新阶段,从多方面多层次系统化推进。从简政放权和放管结合“两轮驱动”到简政放权、放管结合、优化服务“三位一体”全面推进,从点式推进向线和面纵深发展。未来要继续以行政审批制度改革作为落实简政放权、放管结合、优化服务全面改革任务的重要支点。简政放权要着重多维度权力下放,首先,继续分类清理行政审批事项;其次,解决上下级政府在行政审批权力上的衔接问题;再次,解决审批的不联动与重复性问题;最后,依法解决减费问题。加强监管与责任追究,首先,解决监管权力划分问题;其次,创新监管方式手段;最后依法加强责任监管。

(3)加强政府信息服务能力建设。在信息社会,信息是一种重要资源。政府的信息关系到企业预期能否稳定和投资者的信心。而政府对这种资源的供给严重不足,且质量不高。依托物联网、云计算、大数据、空间地理信息集成等新一代信息技术,应创新政府信息服务,搭建公共信息平台,实现各级政府、各部门之间数据整合共享和集中管理,提高政府信息的可获得性,降低市场主体的信息搜索等制度性交易成本。

(五)兼并收购活动依然活跃

近年来,并购重组成为国内企业寻求转型升级和业务多元化的主要手段。并购市场一直比较活跃。但随着经济下行压力增大及国际市场不确定性的影响,中国企业的兼并收购交易的增幅有所放缓,甚至出现下降。根据Wind资讯的统计,2017年中国企业的并购(包括海外并购)交易额相对于2016年有所收缩。从2018年情况看,并购交易总体仍然活跃,交易金额延续了2017年小幅下滑的趋势。根据截至2018年9月30日彭博收集的数据显示,2018年前三季度由中国大陆企业或资产参与的兼并收购活动共发生4303起,交易金额共计4408.7亿美元。从交易活动总数来看,前三季度中国大陆地区并购活动依旧活跃,与上年同期相比差异不大。但交易金额较2017年前三季度小幅下降约7%。有机构认为2018年国内投资市场活跃程度接近“冰点”。具体分析，前三季度的中国大陆并购活动中近36%为跨境并购，境内并购从交易总数上来看依旧占大多数。跨境并购与2016年及2017年的井喷期相比有所回落。而从交易标的所在行业来看，金融行业依旧是各大买家热衷的领域，占总跨境交易总额的28.1%。主要来自于2018年以来多笔房产企业的大额交易。前三季度中国企业“走出去”的跨境并购受到中美愈发严峻的贸易摩擦的波及，地区差异日益显著。2018年以来中国买家赴欧洲并购的共计151起，交易金额达562.4亿美元，与2017年同期相比增幅达81%。与之相对比，前三季度美国标的市场则显得有些惨烈。2018年8月美国颁发了美国外国投资风险评估现代化法案，其中中国的投资者受到重点关注。这一系列的显著举措也深刻反映在了中国企业的对美收购活动上，从交易总金额上看与上年同期相比下降了34.2%，同时前三季度的交易金额已低于过去五年来全年的最低值。

展望2019年，从政策层面看，2018年8月，国家发改委等五部门联合印发《2018年降低企业杠杆率工作要点》会提振并购市场的交易；科创板与证监会提出的放开并购政策，也将是两剂活跃资本市场的猛药。随着供给侧改革的进一步深入、国内产业升级及“一带一路”倡议的指引，为顺应企业战略发展的需求，并购市场依然会存在许多机会。2019年中国并购市场活跃度有望相对回升。有专业投资机构认为“2019年可以过得更好、过得更从容”。

（六）“一带一路”倡议助力企业加快国际化步伐

经过五年实践，“一带一路”倡议从理念愿景转化为现实行动，成为中国企业在新形势下加快“走出去”步伐、提升国际化经营水平的重要途径。根据商务部统计，五年来，中国对沿线国家直接投资超过700亿美元，年均增长7.2%，在沿线国家新签对外承包工程合同额超过5000亿美元，年均增长19.2%。从贸易主体看，民营企业成主力军，国有企业增幅显著。2017 年，民营企业与“一带一路”相关国家的进出口总额为 6199. 8 亿美元，占中国与“一带一路”相关国家贸易总额的 43. 0% 。其次为外商投资企业（36. 6% ）、国有企业（19. 4% ）、其他企业（1. 0% ）。而国有企业进出口总额增速最快，2017 年国有企业与“一带一路”相关国家进出口总额为 2795. 9 亿美元，较 2016 年增长 24. 5% ，其次为民营企业（12. 1% ）、外商投资企业（10. 2% ）、其他企业（1. 2% ）。从最新的 2018 年看，2018 年 1—11 月，中国企业在“一带一路”沿线对 56 个国家非金融类直接投资 129. 6 亿美元，同比增长 4. 8% ，占同期总额的 12. 4% ，主要投向新加坡、老挝、巴基斯坦、印度尼西亚、越南、马来西亚、泰国和柬埔寨等国家。对外承包工程方面，中国企业在“一带一路”沿线国家新签对外承包工程项目合同 3640 份，新签合同额 904. 3 亿美元，占同期中国对外承包工程新签合同额的 48. 8% ，同比下降 20. 3% ；完成营业额 736. 6 亿美元，占同期总额的 53. 4% ，同比增长 12. 6% 。

2019 年，“一带一路”建设已经由“大写意”进入“工笔画”阶段，高质量建设“一带一路”的重要性日益突出。国内企业在推进“一带一路”项目的过程中，要迅速准确地把握沿线国家的市场需求，开展高水平的贸易合作。要和广大发展中国家，也包括发达国家的企业开展协同创新、个性化定制、数字贸易等合作，充分发挥双方的比较优势，实现互利共赢。构建高效灵活的全球价值链和创新链。要充分发挥开发性金融等金融工具的作用，积极加强和东道国金融机构以及其他国际金融组织合作，创新融资方式，有效缓解国内企业开展国际产能合作面临的融资难、融资贵问题。有关部门要进一步优化企业开展海外业务审批程序，降低企业参与“一带一路”建设的制度性成本。加强对企业的咨询、法律、会计、保险等专业服务，帮助企业降低海外业务风险。

第十九章　国际经济形势展望

2018 年，美国经济一枝独秀，经济增速表现强劲，而欧盟等其他发达国家与新兴经济体均表现出一定程度的经济疲弱，增长动力不足。展望 2019 年，世界经济将从分化中逐渐趋同，美国经济虽在过去整体表现较好，但随着财政政策效应的减弱，经济增长后劲隐现不足，难以维持强劲的经济增速；欧盟虽 2018 年底退出 QE，但面对整体经济的疲软，如德国、瑞士、瑞典等国均出现 GDP 增速的下滑，以及欧盟内部的政治不稳定因素，如德国政坛的变动、英国脱欧等，未来欧洲央行仍不排除通过经济刺激来维持经济增长，恐将造成欧盟各国经济的分化；中国等新兴经济体在美联储加息的压力下，面临资本外流、货币贬值、货币刺激政策受限等不利条件，但未来随着美联储加息预期的减弱，外部压力将有所缓解，新兴经济体的未来经济走势也将出现分化。此外，根据国际货币基金组织（IMF）2018 年 10 月的《世界经济展望》（*World Economic Outlook*），预计 2018—2019 年的全球增长率仍将保持在 2017 年的水平。然而，与此同时，经济扩张的均衡性已经下降，一些主要经济体的增长速度可能已经触顶。过去六个月里，全球增长的下行风险已经上升，增长快于预期的可能性已经下降。

一、发达国家未来前景展望

(一) 美国

自2018年2月份减税政策实施以来，国内的消费和投资持续攀升推动其经济的强劲增长，尤其是二季度美国GDP增速达到了4.2%，经济增速表现一枝独秀。但随着减税政策效益的减弱，以及美联储加息的推进，美国财政赤字明显加剧，截至11月，财政赤字已经飙涨至7790亿美元，加之中期选举后民主党控制众议院，从而进一步限制了特朗普减税政策的持续性。但是，随着四季度油价的持续下行减轻国内通胀的上行压力，以及美国经济隐现趋弱态势，美联储在12月19日加息至2.25%~2.50%之后表示，2019年预计加息两次。美联储加息周期的缩减也间接地反映出美国经济保持强劲增速的动力在衰弱。因此，总体而言，美国经济在2019年上半年仍将延续扩张态势，但下半年恐出现拐点，步入下行趋势，经济增速预计达到2.7%。

(二) 欧盟

欧盟经济在2018年第一季度见顶之后逐渐回落，从三季度的GDP增速来看，继“火车头”德国经济失速之后，瑞士和瑞典的增速又双双环比下滑0.2个百分点。从欧盟内部经济环境来看，制造业PMI从年初的60持续下滑至荣枯线附近，其中法国12月PMI更是跌破50这一荣枯线，英国脱欧前景存在不确定性，法国等多国爆发游行示威等不利因素加剧内部分化；从外部环境来看，世界整体需求疲弱，中东地缘局势升温等不利因素困扰欧盟经济稳定持续发展。虽然意大利预算问题在12月18日已经达成非正式协议，短期内能顺利解决，但影响欧盟经济的不稳定因素尚存，未来经济将维持弱势，经济增速预计下探至1.9%。

（三）日本

日本2018年第三季度实际GDP同比增长仅为0.3%，为2015年3月以来的最低值。从需求分项增速来看，消费增速逐渐回暖，投资增速继续维持疲软，而出口增速因世界贸易摩擦大幅回落，是压低日本经济增速的主要源头。但是，日本经济总体而言仍处于较好的状态，低通胀和低失业率并行，预计2019年日本将延续弱势复苏，经济增速达到0.9%左右。考虑到当前出口增速下滑带来的不利影响，未来美日贸易谈判将深刻影响日本的复苏趋势，尤其是美国采取的“毒丸计划”，若美日达成贸易协议，则会迫使日本限制同中国签订贸易协定，令其出口风险增加；若美日贸易谈判久未达成，不排除美国对日本采取加征关税措施，这将给以外向型经济为主的日本经济带来显著不利冲击。此外，面对全球需求萎缩，日本经济维持弱势复苏仍将以宽松的货币政策为主调。

（四）英国

2018年英国经济整体维持弱势复苏态势，主要受脱欧的影响。虽然目前已经和欧盟达成了草案，但协议通过议会的可能性仍然较小，这也就是首相梅推迟议会投票的原因，硬脱欧的概率在逐渐增加，而这将深刻影响英国未来的经济形势。若英国顺利达成软脱欧，经济温和复苏有望，脱欧的负面影响是有限的；若英国最终迫使硬脱欧，未来面临较大的经济风险，经济增速、汇率等恐快速下跌。

二、发展中国家未来前景展望

新兴市场和发展中经济体，由于受到石油价格波动、贸易保护升级、美联储加息以及地缘政治风险等因素的影响，预计2019年有望扩张至5.1%。其中，亚洲新兴和发展中经济体将保持强劲增长，尤其是中国和印度预计2019年将分别继续保持6.4%和7.5%的增长趋势，而东盟五国在国内需求稳定、出口继续恢复的支撑下预计 2019 年的增速稳定在 5.3%；以土耳其为主的欧洲新兴和发展中经济体由于受贸易保护升级以及美元加息等不利影响引发金融动荡，造成金融状况收紧，预计2019 年的经济增速下降至4.2%；至于拉丁美洲的发展中国家，虽然有大宗商品价格上涨做支撑，但国内经济均存在不同程度的问题，如阿根廷的金融动荡、巴西的罢工、委内瑞拉的严重衰退等，导致经济增速继续下调。

三、贸易摩擦前景不明

2019 年全球范围内的贸易摩擦前景不明，但维持贸易冲突存在的可能性较大。自美国总统特朗普上台以来，单方面地采取贸易保护措施，导致世界范围内的贸易摩擦不断升级，尤其是针对中国采取的进口商品加征关税、北美自贸区协议重新谈判、美日欧贸易协议谈判等。这一系列的贸易保护行为引发了市场预期的恐慌，严重扰乱了世界经济的稳步发展，尤其是对一些新兴经济体造成了严重的金融动荡，如土耳其、阿根廷等国的货币大幅贬值。

但是，从目前来看，美国已经同加拿大和墨西哥达成了新贸易协议，全球贸易恐慌有所缓解。而最值得关注的是中美贸易谈判，作为世界经济总量最大的两个国家，发生直接的贸易碰撞在全球化时代必然波及周边国家。中美贸易摩擦从 2018 年初至今，美国已经对中国价值 2500 亿美元的商品加征关税，中国作为反击对进口美国价值共 1100 亿美元的商品加征关税。但 G20 峰会两国首领的会谈已经达成了一些实质性协议，贸易谈判取得了一些进展，中美双方同意停止相互加征新的关税，提供 90 天的谈判过渡期。如果 90 天的谈判过渡期中美达成了贸易协议，不仅缓解了市场对当前贸易保护主义的恐慌，也将给疲弱的世界经济复苏提供一剂强有力的镇静剂，预期 2019 年世界经济增速有望达到国际货币基金组织预测的 3.7%，中国经济有望增速达到 6.0% 以上，美国经济增速有望维持3%左右；如果90天的谈判过渡期中美没有达成协议，中美贸易摩擦愈演愈烈，世界贸易恐慌将迅速升级，将给疲弱的世界经济复苏蒙上一层厚厚的阴影，预期2019年世界经济增速因贸易保护主义困扰而下降至3%左右，中美则受到贸易摩擦的剧烈影响，中国经济增速恐低于5.5%，美国则可能低于2%。

四、地缘政治风险犹存

虽然2018年以来朝鲜半岛紧张局势逐步缓和，对东北亚的经济和平发展产生了深远的影响，但未来中东、欧盟以及印太战略的地缘政治问题犹存。中东地区的大国争夺日渐表面和激烈化，加之美国单方面退出伊核协议，并继续对伊朗采取经济制裁，全球石油供应仍将面临供给紧缩的局面。欧盟的地缘政治问题主要是英国脱欧，虽然2018年相关领导人传达了英国软脱欧的积极信号，但未来英国脱欧后的取向仍待进一步观察。此外，由日本提出的“印太战略”目的在于构建联盟体系，维持日美主导的地区政治和安全秩序，对中国进行战略制衡。2018年8月美国造访东南亚的主要目的就是加快推动“印太战略”落地，虽然“印太战略”目前还未真正成型，但未来的发展对印太地区地缘政治经济格局具有重要影响。此外，11月俄罗斯和乌克兰在海上爆发冲突，恐波及周边地区，增加全球的不稳定因素。

五、全球货币维持紧缩

2018年，美联储已经完成了四次加息，使得联邦基金利率升至2.25%～2.50%。在2018年的最后一次加息结束时，美联储发表了略显鸽派的决议声明，预计2019年继续加息两次，使得联邦基金利率达到2.875%，加息周期明显缩短。同时，美联储继续维持每个月的资产负债表缩减幅度在500亿美元不变。随着美联储加息和缩表计划的推进，全球已经进入加息通道，如英国、加拿大等发达国家已经加息，经济恢复缓慢的欧元区退出 QE 可能进一步增加经济不确定性，或将延迟加息计划；土耳其、阿根廷、巴西、印度等新兴市场国家和地区也不得不选择被动跟随美联储的加息步伐。加息的进程预计持续至 2019 年，届时全球货币紧缩，新兴市场国家面临资本外流、汇率贬值、市场动荡以及外债风险等经济压力。2019 年 1 月，美联储暂停加息，2019 年 3 月，欧央行改变 2018 年 12 月退出 QE 的决定，延迟加息。在美欧货币政策影响下，全球货币紧缩的态势或将有所改变。

第二十章　全球化 4.0 背景下的美国经济前景

美国公布 2018 年 GDP 同比增长 2.9%，是 2005 年以来最强劲的年度增长。根据 CBO 的预测，2019 年美国经济将会增长 2.4%，依然高出 2018—2022 年的预计潜在 GDP 平均 2% 的增长率。换句话说，无重大意外，到 2019 年 7 月，美国将实现其史上最长的经济增长，此前最长的增长纪录是 20 世纪 90 年代的新经济，历时整整 120 个月，从 1991 年的 3 月到 2001 年的 3 月。这次的增长始于 2009 年 6 月，因为是在 2008 年金融危机之后录得，因此更显难能可贵。

一、2018 年美国劳动力市场持续向好

2018 年度增长之所以如此强劲，得益于劳动市场的健康状态。已经运行在充分就业区间里的美国就业市场全年非季节调整的失业率是 3.9%，是 50 年来的最低，月度数据中还曾经出现过 3.7% 这样的史上新低（9 月份和 11 月份），上次的新经济增长中，最低的失业数据是月度 3.9%（出现在 2000 年 9—12 月）。即使已经远远低于 FOMC 所认定的 4.4 % 和 CBO 所认定的 4.6 % 的自然失业率，但就业市场的实际状况似乎比已经让人欢欣鼓舞的数字还要更乐观一些——12 月美国非农就业数据显示了在就业人口大增同时，参与率也在同步回升，尤其是青壮年的参与率仍在提高中，并且即便如此，仍然低于新经济时期的参与率，说明参与率还有进一步提高的余地。参与率的提高表明在经济与劳动力市场持续向好的状况下，本已退出就业市场的不愿意再继续寻找工

作的"失意求职者",出现了重返就业市场的意愿。

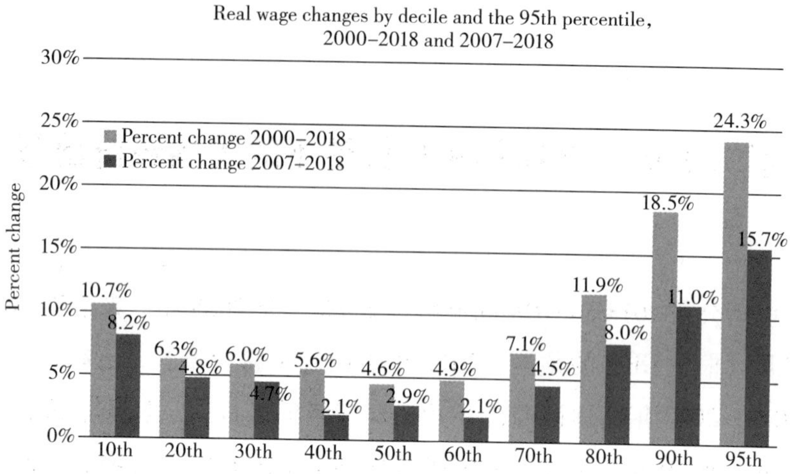

图 20－1　实际工资变动

资料来源:https://www.epi.org。

潜在蓄水池的水位增加,对每个在任劳动力来说就是潜在竞争的加剧,促使劳动时长在 2018 年增长 2%,而每小时工资增长只保持了 2017 年的速度 1%,2007 年以来的工资增长中低工资群体的增长更加明显(如图 20－1),消费在美国经济增长中贡献率高达 70%～80%,而低工资群体的消费倾向更高更稳定,劳动收入分配格局的内部调整无疑使经济增长的需求端获得了更稳定的动力。同时,劳动生产率也在 2016 年出现拐点后,2017—2018 年两年平均增长了 1.3%,远高于之前 2011—2016 年的 0.7% 增速。劳动生产率是供给端的关键,1.3% 的增长虽然远逊于新经济时期的平均 1.9% 和金融危机前的平均 2.6%,但已经可以大体比肩于 20 世纪 80 年代里根时期的平均增长。而劳动生产率增长要快于小时工资的增长,也是形成于 20 世纪 80 年代,并自那时起就成为美国经济的常态(如表 20－1),既保证了资本利得,又从需求和供给的角力上基本保证了通货膨胀的可控性。

表 20－1　美国不同时期的小时工资增长率和劳动生产率比较

时期	劳动生产率（%）	小时工资增长率（%）	劳动生产率与小时工资增长率之差（%）
1967—1973	2.5	2.9	－0.4
1973—1979	1.2	－0.1	1.3
1979—1989	1.4	0.4	1.0
1989—2000	1.9	0.9	1.0
2000—2006	2.6	－0.1	2.7
2007—2017	1.2	1	0.2
2011—2016	0.7	0.5	0.2
2017—2018	1.3	1	0.3

资料来源：美国商务部劳动统计局和作者整理。

二、美国 2017 年减税政策效果显现

劳动生产率之所以会在 2017 年和 2018 年出现可喜的变化，要归功于特朗普的 2017 减税政策，减税激励了人们的工作热情，促进就业、储蓄和投资。20 世纪 80 年代的里根减税，同样曾经带来劳动生产率的正向和相似程度的变化。虽然第三季度的 ISM 制造业指数和资本支出都在下滑，说明减税的效果在一定时间内有反复的可能，但 2018 年第四季度资本支出又重新变为增长。事实上，依据 CBO 的预测，2017 年减税对十年内的真实 GDP 和真实的潜在 GDP 增长都构成正面支撑，2023 年减税的效果将得到最大的发挥，使真实 GDP 和真实的潜在 GDP 增长都上升大约 1 个百分点（如图 20－2）。减税效果的最终消失则要在 10 年之后，主要的原因是减税会带来联邦政府赤字的继续攀高，最终带来挤出效应。

在实体经济总体健康的情况下，尽管没有如同新经济时期的大规模固定资产更新和牵涉各行各业的互联网技术创新，但由于危机后量化宽松时期的低利率刺激，美国资本市场屡创新高。

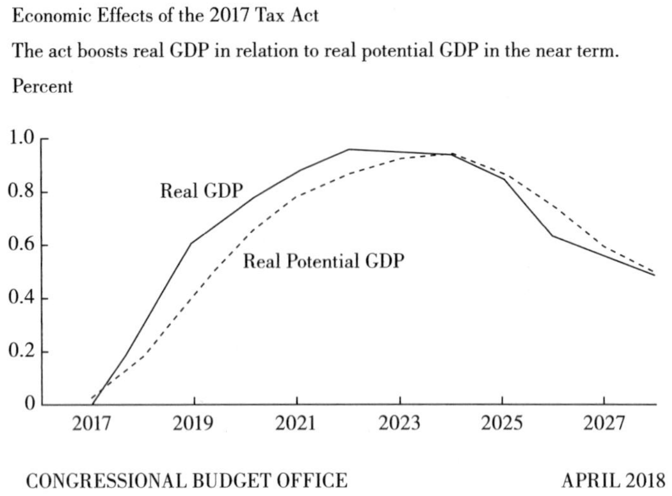

图 20-2　2017 年减税政策的经济效果评估

资料来源：美国国会预算办公室。

三、中美贸易谈判短期内对美国 CPI 影响并不大

高企的资产价格在美联储开始缩表的进程中难免承压。以 2018 年 12 月为例，美联储的一举一动都牵动着全世界投资者的神经。

显然，美联储罔顾美国总统的明确反对，坚持在 2018 年 12 月加息主要还是出于对未来 CPI 的担心。如美联储副主席的发言所说，美联储的目标从来都是两个，一个是充分就业，一个是价格稳定。但在价格稳定上，他用了一个“奇怪的下降”来描述近期走势，说明 CPI 在即期并不是主要的担心因素。从数据来看，CPI 确实在走低。而从 CPI 的历史构成来看，能源和服务始终是重要组成，而这两个项目里边，能源价格近期一直在下降；服务，主要是房租却一直在上升，所以 CPI 走低主要是油价走低的结果。

对未来 CPI 的担心，除了油价的可能反弹外，中美贸易摩擦似乎是不能回避的一个潜在因素。真是这样吗？仔细分析，其实不然。

从中国对美国的出口组成上看，能直接影响到美国 CPI 的是只占

4%的服装类，美国的服装等纺织品进口来源国正在多元化，以前的梅西百货里100%来自中国制造的局面已经悄然发生着改变，而且从美国对中国征收惩罚性关税的行业看，纺织品等行业只有10%的贸易金额受关税的提高所限。这和其他中国对美出口的行业的关税影响贸易金额相比，根本无足轻重。在美国增收关税的2000亿美元中国商品中，50%以上是工业生产的中间品，它们才是真正受影响非常大的行业，比如化工、机电、金属制品。而且就目前加征10%的关税格局来看，这些行业涉案金额都高达60%以上。比起CPI，中间品上涨对美国国内的PPI影响更为直接，但依据BEA的报告，不同行业的进口商品价格指数对PPI的影响是不同的，所以总体上中间品价格的上涨对PPI的影响其实很难定论。即便PPI果真因受影响而提高，从PPI到CPI的传导也需要时间，而且是有条件的：美国对中国产品的需求弹性足够低，基本找不到替代供应商，且中国出口商议价能力比较强。另外，就美国的全部进口品而言，如果比较美元汇率波动还是进口价格本身的变动哪个更能影响美国国内CPI，有研究表明，由于美元是世界贸易的主要计价货币，美国受美元波动的影响更大，而受进口价格本身变动影响更小。

所以，中美贸易谈判无论走向如何，短期内对美国CPI的影响并不大。

四、2019年美国货币因素最不确定

鉴于通货膨胀有自我实现性，CPI有可能走高的另一个重要因素就是对CPI的预期。1980年“大缓和”以来各国央行的政策透明度都在提升，从伯南克开始，美国美联储亦是如此。对“泰勒规则”的默认和每次议息会议纪要的及时公布和解释，使民众对美联储通货膨胀管理能力充满信心。根据BIS研究，预期管理的结果是菲利普斯曲线趋于扁平化，在发达国家这是个整体现象。密歇根大学的消费者信心指数调查显示消费者对2019年的最新价格预期是上涨2.7%，未来5年则稳定在平均2.5%，几乎是2008年以来最低；从美联储的金融职业从业者的

通胀预期调查来看，目前2019年的通胀预期在2.3%，5年内美国通胀预期稳定在平均2%。数据表明，通胀预期可控且不高。

这种情况下，美联储为何一再加息？根据美联储最新公开的一份文件显示，美联储很可能从2013年前后开始就转向了一个叫名义收入增长的规则，这是一个米德在1978年和托宾在1980年提出的规则，在2008年金融危机后被一群市场货币主义者（market monetarists）大力鼓吹，认为央行应该放弃通货膨胀和失业目标。新西兰央行作为通货膨胀目标制的代表曾公开反对，原因是GDP的统计过于复杂，很难向公众解释清楚。美联储是否转向及何时转向我们不得而知，但转向的猜测和在金融危机后，泰勒本人曾明确指出，美联储并没有严格遵守泰勒规则才是导致2008年金融危机的主要原因似乎不谋而合。2013年按这个规则去勾画出来的联邦基准利率政策曲线，曾预测过2015年底美联储应该有必要从0开始加息，而且到2018年应该加到2.5%，这些都已经被历史事实所验证。

不管是不是这个规则在起作用，美联储推高利率的一个后果是，美国债券市场12月出现收益率倒挂。倒挂的主要起因就是美联储通过近期债券的吞吐，能有效控制即期的市场利率。然而，长期利率主要由市场决定，基本不受调控影响。当前市场走势也表明，长期资金没有接盘远期债券市场的意愿。由于过往的几次倒挂都精准预测了后来的经济衰退，所以此次倒挂的出现，一度引起资本市场断崖式的恐慌下跌。联储为此不得不出面解释，建议用一年和季度息差线去替代市场经常使用的十年期和一年期的息差曲线，从而构建出忽略长期的“新曲线”。

尽管美联储一再表明货币政策没有预先设定，但并没有直接否定规则的使用。按照这个规则去推测，2019年美联储将继续加息两次，2020年也是加息年，可是上述的市场恐慌已经使美联储态度在最近明显趋鸽，市场甚至普遍推测2020年美国或开始减息。货币因素在劳动市场和实体经济看起来一片大好的情况下何去何从，似乎成了美国经济在 2019 年最不确定的因素。这也是金融和创新双驱动的美国经济增长模式中最难处理和平衡的问题。

掣肘货币因素的不仅仅是 CPI，还有债务上限的问题。减税的直接负面影响就是债务负担的加重，里根时期美国经济的症结就是国债膨胀，进而私人投资被过度挤出以及美国出口竞争力受损。现在美国的出口问题已经和技术优势问题绑定，上升到了其国家战略层面，而债务问题似乎还是待解，墨西哥边境墙问题又凸显出国会在财政问题上的强势，预计 2019—2028 年，联邦预算将长期出现占 GDP 的 4. 8% 左右的缺口，已经在 2018 年末累积达到 16 万亿的公众持有美国国债将在 2028 年达到当时 GDP（预测值 29 万亿）的 98%。虽然美国国债已经成为各种金融资产组合里不可或缺的品种，可其日益庞大的规模还是难免给目前的不强不弱的美元指数带来压力，其中的美元问题，很可能是特朗普在贸易争端常态化后将要抛出来的如何“使美国再次强大”的新议题。

参考文献

[1]中国人民银行金融稳定分析小组．中国金融稳定报告 2018[EB/OL]. http://www.pbc.gov.cn//goutongjiaoliu/113456/113469/3656006/index.html, 2018－11－02.

[2]中国人民银行货币政策分析小组．2018 年第三季度中国货币政策执行报告[EB/OL]. http://www.pbc.gov.cn/zhengcehuobisi/125207/125227/125957/3537682/3661118/index.html,2018－11－09.

[3]网贷之家.2018 年中国网络借贷行业年报[EB/OL]. https://www.wdzj.com/news/yc/3693772.html,2019－01－08.

[4]段景辉,陈建宝．基于家庭收入分布的地区基尼系数的测算及其城乡分解[J]. 世界经济,2010,33(01):100－122.

[5]胡志军,刘宗民,龚志民．中国总体收入基尼系数的估计:1985—2008[J]. 经济学(季刊), 2011(4): 1423－1436.

[6]胡志军．基于分组数据的基尼系数估计与社会福利:1985—2009年[J]. 数量经济技术经济研究, 2012(9): 111－121.

[7]陈建东,程树磊,蒲明．如何准确地拟合居民的收入分布[J]. 北京工商大学学报, 2017(3): 10－20.

[8]杨旭,郝翌,于戴圣．收入差异对总体消费的影响——一个数值模拟研究[J]. 数量经济技术经济研究, 2014(3): 20－37.

[9]王海港．我国居民收入分配的格局——帕雷托分布方法[J]. 南方经济,2006(05):73－82.

[10]毛亮,郝朝艳,平新乔,梁爽,张海洋. 个税起征点的国际比较与提高起征点的效应估算[J]. 国际经济评论,2009(06):34-38.

[11]王增文. 中国农村贫困线及贫困率的测定:基于拟合收入分布函数法[J]. 西北人口,2009,30(05):1-6.

[12]IMF, World Economic Outlook Update, January 2019: A Weakening Global Expansion[R],2019.